中国特色学徒制试点　学徒岗位教材

管理会计学徒岗位手册

王冲冲　姚计华　毛德敏　主编

中国农业大学出版社
·北京·

内容简介

本教材依托管理会计岗位技能要求和典型工作任务进行编写，以管理会计工作流程为主线，以真实经济业务为载体，以实践能力培养为核心，构建师傅指导徒弟的教学实践体系。全书由三部分构成，即步入企业、认识岗位和学徒工作学习任务，其中学徒工作学习任务包括战略地图绘制、全面预算编制、成本管理、本量利管理应用、投资决策评价、绩效评价、风险管理、管理会计报告撰写及应用八个项目。每个任务都有工作任务实施记录与评价，用于检测学生学习效果，对学生的能力进行多元化评价，有利于对学生综合能力的培养。

本教材可作为高等职业院校大数据与会计类专业的学徒制教材，也可作为各类成人院校及企业职工的培训教材，还可作为在职工作人员提高管理会计业务能力的自学用书。

图书在版编目(CIP)数据

管理会计学徒岗位手册/王冲冲，姚计华，毛德敏主编. -- 北京：中国农业大学出版社，2023.9

ISBN 978-7-5655-3047-0

Ⅰ.①管… Ⅱ.①王… ②姚… ③毛 Ⅲ.①管理会计-高等职业教育-教材 Ⅳ.①F234.3

中国国家版本馆 CIP 数据核字(2023)第 162068 号

书　　名　管理会计学徒岗位手册

Guanli Kuaiji Xuetu Gangwei Shouce

作　　者　王冲冲　姚计华　毛德敏　主编

策划编辑　郭建鑫　　**责任编辑**　郭建鑫

封面设计　李尘工作室

出版发行　中国农业大学出版社

社　　址　北京市海淀区圆明园西路 2 号　　**邮政编码**　100193

电　　话　发行部 010-62733489，1190　　读者服务部 010-62732336

编辑部 010-62732617，2618　　出　版　部 010-62733440

网　　址　http://www.caupress.cn　　**E-mail**　cbsszs@cau.edu.cn

经　　销　新华书店

印　　刷　运河(唐山)印务有限公司

版　　次　2023 年 9 月第 1 版　　2023 年 9 月第 1 次印刷

规　　格　185 mm×260mm　　16 开本　　13.5 印张　　264 千字

定　　价　41.00 元

编 审 人 员

主　编　王冲冲(新疆农业职业技术学院)

　　　　　姚计华(山东诺桥生物科技有限公司)

　　　　　毛德敏(新疆农业职业技术学院)

副主编　孟　杨(新疆农业职业技术学院)

　　　　　吴　洋(新疆农业职业技术学院)

　　　　　徐培江(新疆农业职业技术学院)

　　　　　商娜娜(东营职业学院)

参　编　赵敬淼(新疆农业职业技术学院)

　　　　　王誉华(新疆农业职业技术学院)

　　　　　程传灵(新疆农业职业技术学院)

　　　　　李天凤(新疆宝塔投资控股有限公司)

　　　　　夏苏卫(昌吉市绿源花卉苗木培育基地)

　　　　　李翠梅(中国农业银行股份有限公司成武县支行)

主　审　史　梅(新疆农业职业技术学院)

前　言

党的二十大报告指出："教育、科技、人才是全面建设社会主义现代化国家的基础性、战略性支撑。""我们要坚持教育优先发展、科技自立自强、人才引领驱动，加快建设教育强国、科技强国、人才强国，坚持为党育人、为国育才，全面提高人才自主培养质量，着力造就拔尖创新人才，聚天下英才而用之。"随着我国经济进入高质量发展阶段，大量培养创新型会计专业人才是提高企业管理水平、促进经济转型升级、推动会计工作由传统型向管理型转变的前提条件。根据财政部印发的《财政部关于全面推进管理会计体系建设的指导意见》《管理会计基本指引》等文件精神以及 34 项管理会计应用指引，结合企业管理会计工作岗位对会计人才的培养需求，我们编写了本教材。

本教材由新疆农业职业技术学院、东营职业学院会计专业教师和企业专家共同编写。教材依据管理会计岗位技能要求，结合会计行业职业资格标准，遵循高职学生的认识与学习规律，以管理会计工作流程为主线，以真实经济业务为载体选取典型工作任务，以实践能力培养为核心，构建师傅指导徒弟的教学实践体系。全书由三部分构成：第一部分为步入企业，第二部分为认识岗位，第三部分为学徒工作学习任务。

本教材突出互动性和实践性。区别于以往的传统教材，本教材根据管理会计岗位业务技能和职责要求设置任务点，梳理管理会计典型工作任务操作流程和方法，方便学徒根据教材操作步骤指引完成典型工作任务的业务处理。同时，每个任务都设定任务目标与质量要求、学习产出目标，方便学徒对学习效果进行自我评价。每一个典型工作任务先由企业师傅讲解工作程序、方法要求和业务知识，然后学徒根据任务操作步骤进行实践学习，最后师傅对学徒的实践任务完成情况进行考核和评价，并指导学徒总结经验，确保学徒在实践中学会管理会计专业知识和技能，充分体现“做中学，学中做”的职业教育特色。

本教材可作为高等职业院校大数据与会计类专业的学徒制教材，也可作为各类成人院校及企业职工的培训教材，还可作为在职工作人员提高管理会计业务能力的自学用书。

本教材由姚计华、徐培江负责内容结构设计，由王冲冲统稿。具体编写分工如下：王冲冲编写入职培训专题一至入职培训专题五，项目一，项目三任务一、任务二，项目八；姚计华编写项目三任务三至任务五；毛德敏编写项目四；孟杨编写项目五，吴洋编写项目二，徐培江编写项目七，商娜娜编写项目六任务二、附录一课程标准内容；夏苏卫编写入职培训专题六；程传灵编写项目六任务一，赵敬森编写项目六任务三；王誉华编写第三部分的“专业知识准备”部分，李天凤编写附录一岗位标准内容，李翠梅编写附录二、附录三、附录四。

由于编者水平和编写时间所限，教材中难免存在不妥之处，敬请读者批评指正，以便再版时修订完善。

编　者
2023 年 5 月

目　录

第一部分

步入企业

The first part

The first part
The first part
The first part

入职培训专题一

我国管理会计发展及人才需求现状

一、我国管理会计发展

随着工业革命的到来，企业规模不断扩大，那么如何有效利用资源管理复杂而庞大的企业，并不断提高经济效益，是当时企业家们面临的主要矛盾和问题。在这种环境影响下，出现了早期管理会计的自觉行为，管理会计的萌芽产生。管理会计的早期实践主要体现在纺织业和运输业，比如当时美国和英国纺织业的企业家们在多步骤生产纺织品的过程当中，通过对成本信息的记录和分析，确定了中间产品和完工产品的成本，并且按照每码（长度单位，1码约等于0.914米）成本建立了内部经营效益评价指标，从而为衡量生产效率、评价员工绩效、降低成本提供了有效的信息。从这个方面来看，其属于管理会计当中成本管理范畴。

随着科学和技术的发展，泰勒提出了科学管理理论，并于1911年正式出版《科学管理原理》，在美国企业中被广泛推广和运用，企业家们开始使用标准成本预算控制差异分析等方法进行成本控制和生产管理，这进一步推进了管理会计的产生。在1922年，奎因斯坦在《管理会计财务管理入门》一书中首次提出了管理会计的名称。需要注意的是，这时候管理会计并没有真正的产生。

由于1900年前后美国产生了一场巨大的企业合并浪潮，比如杜邦公司、通用电气等，这些企业都是通过合并形成的。新的企业组织形式对管理会计提出了新的内部管理需求，也使这个阶段的各大型公司在管理方面提出了许多创新。1952年世界会计学会年会在英国伦敦召开，正式通过了管理会计这一专门术语，也就标志着管理会计与财务会计分离开来，形成了会计两大重要分支。

总体来说，管理会计发展主要有两个阶段。第一阶段是管理控制与决策阶段，也就是20世纪50～80年代，这时管理会计的活动主要是预测、决策、预算、控制与评价。随着市场的竞争形势日益激烈、科学技术迅猛发展，企业的管理也发生了变化，战略管理理论得以发展，企业纷纷设定自己的战略管理目标，企业的各项经营决策也都紧紧围绕企业的战略目标开展，所以在20世纪80年代以后，渐渐形成了管理会计的战略管理阶段，即以围绕战略目标开展的预算管理、成本管理、营运管理、投融资管理、风险管理和绩效管理，这是管理会计的第二个发展阶段。

20世纪70年代末至80年代初期，管理会计以会计新领域的形式被我国学者通过发表论文等方式导入我国。管理会计在我国的发展有两个词可以形容——导入和变迁，通过不断导入和变迁加上本土化创新，来促进管理会计在我国的发展，我国管理会计改革开放以来的发展阶段有三个：执行性管理会计阶段、决策性管理会计阶段与权变性管理会计阶段。值得注意的是，这些阶段中，管理会计导入我国的过程中有一个激励员工创新的共同点。导入管理会计是一个渐进式的过程，企业或组织根据内外部整体经营环境和生产需要有选择地应用自己需要的管理会计工具，不盲目照搬某一种模式。根据汤谷良等的研究，在应用、推广管理会计工具的过程中，国务院国有资产监督管理委员会（简称“国资委”）及下属国有企业起了重要作用，带头推广使用平衡计分卡（BSC）、全面预算管理、经济增加值（EVA）等管理会计工具。为了更高的企业效益，在激烈的市场竞争中，民营企业也学习国有企业，主动引进、学习、应用、创新管理会计。而在实务中，我国应用管理会计可谓是遍地开花。例如，有学者基于战略成本管理实践在中航光电的应用，发现资源有效配置框架下加入战略成本管理，结合相关商业模式、制度分析工具可以降低成本、提高收益，实现经济高质量发展目标。

目前，国内外都有自己的管理会计工具体系。国外对管理会计工具的相关研究表明，不同的组织有自己颁布的管理会计工具体系，但总体差别不大。而我国财政部也在2014年出台《关于全面推进管理会计体系建设的指导意见》（以下简称《指导意见》），这份文件公开颁发后，后续出台了34项管理会计应用指引，是一套普遍使用且具有广泛指导意义的指引。

在《指导意见》中，明确了管理会计理论体系建设、管理会计指导体系建设、管理会计人才队伍建设、管理会计信息化队伍建设和管理会计咨询服务市场建设等内容，并且陆续颁布了管理会计指引体系。比如，2016年颁布了《管理会计基本指引》，2017年颁布了管理会计应用指引22项、管理会计案例库，这都表明了管理会计在我国发展迅猛，也说明国家对管理会计的大力提倡和支持，预示着会计的发展趋势是向管理会计进行变革，管理会计在我国将会得到大力发展和广泛运用。

二、我国管理会计人才需求现状

要建立适应中国国情的管理会计人才评价体系，明确管理会计人才建设目标，即以提高单位持续价值创造力为导向，以提升管理会计实务能力为重点，推动研究发布管理会计人才能力框架；积极探索和优化管理会计人才的多种培养模式；加强管理会计人才培养国际交流与合作，打造更多符合市场和单位需要的高端管理会计人才，为管理会计在我国的深入应用打下坚实的人才基础，为我国管理会计发展建立人才储备。

自21世纪以来，我国管理会计实践得到相关政策的支持和指导。2012年，财政部在领导会计改革、推动总会计师事业发展、助力财政会计改革等方面取得了卓越的成果。财政部为了全面推进管理会计的深化改革，认为应当建立与现代企业制度相匹配，与中国经济“升级版”相适应的管理会计体系。2014年2月，时任财政部部长指出，会计工作作为经济管理重要手段，“升级版”的重点是发展和培育管理会计，并提出将由财政部牵头，全面推动管理会计改革，研究构建中国的管理会计标准体系。2014年10月，财政部正式发布了《关于全面推进管理会计体系建设的指导意见》，指明了会计改革和发展的方向，一系列管理会计基本指引在此指导下颁布，明确了管理会计作为工具应当融入企业的业务活动，实现真正的“业财融合”。

为了落实管理会计人才培养实践，中国总会计师协会（下称“中总协”）自2017年6月1日起正式启动管理会计师专业能力认证项目，该项目分为初级认证和中级认证，是专门为管理会计队伍建设和培养具有中国特色的管理会计人才设计的。该项目以《指导意见》为依据，以当前国内外关于管理会计的最新研究成果为理论基础，结合在我国企业管理会计的成功实践案例，理论与实践并重。2019年3月，中总协发布了《中国管理会计职业能力框架》，对管理会计人员所需要具备的能力进行了初步概述。

据2020年底统计，未来十年在中国管理会计人才缺口会达到420多万。在新经济常态下，推动管理会计人才建设的本质是中国企业对管理会计人才的需求，如果要建立管理会计人才评价体系，也应当围绕企业现实的需求。以中国企业财务人员为调研对象，通过问卷调研，得出结论：只有接近20%的企业为培养管理会计人才设立了部门，超过50%的企业在其他部门进行管理会计人才的培养，近30%的企业没有建立关于管理会计人才的培养计划。因此，构建管理会计人才团队是企业能够成功转型的保障。

总体而言，管理会计人才在各行业还是比较缺少的，而且大多属于初级管理会计人员，所以国家和行业对管理会计的培养力度很大，对优秀的、合格的管理会计人才需求也很大，未来发展前景很好。

入职培训专题二

管理会计在企业中的应用

一、管理会计在企业管理中的作用

在高速发展的信息化时代，为了保证企业健康可持续发展，必然要重视加强管理。通过管理会计在企业管理中的应用，可以提高企业工作效率，保证企业工作人员管理效率，为企业的现代化发展奠定良好基础。

1. 全面提供会计信息，提升企业管理效率

企业运营需要掌握大量的数据信息，同时还应具备加工处理这些信息的能力。财务人员如何对这些数据资料进行加工、分析，如何有效地挖掘数据背后的信息，成为提升企业管理效率的关键所在。管理会计的应用能够使信息共享、充分实现“业财融合”，为企业提供更为全面的会计信息，提升企业管理效率。

2. 参与经营决策，成为企业管理层的左膀右臂

企业的经营管理层是企业进行正常运营的核心所在，一定程度上决定着企业的发展方向。因此，企业管理层应该正确制订关于企业未来发展的决策方案，促使企业能够有更为长足的发展。而想要制订能够促进企业发展的决策方案，是需要以大量数据信息资料为依据的。通过对这些资料进行深入分析和思考，能够明确企业经营过程中存在的漏洞、成功的案例等，对于企业升级、扩张市场份额具有十分积极的作用。

3. 实行预算及绩效考核，为优化管理提供有力保障

为了切实保障企业短期预定经营目标落实，应该对企业展开全面的观察监控，并将企业经营过程中所得到的数据信息和往年总结的数值以及目标预定的发展数据进行对比研究，对各个部门和企业的发展现状进行有效的总结。除此之外，预算表在编制过程中可以通过零基预算或滚动预算编制的方式完成，从而加强对过程的把握，明确监控重点，促使业务和财务高度融合，目标完成更为顺利。绩效考核过程中，可以采取财务指标和非财务指标的方式来完成，并相应地融合比例法、插值法、非此即彼法等计分考核形式，促使管理会计人员具有更高的工作完成能力，为企业的可持续发展创造更多的力量。

二、企业应用管理会计的意义

随着社会主义市场经济不断深入发展和变化，我国的经济体制也随之调整。市场环境中竞争压力比较大，企业的经营和发展过程面临更为复杂的经营和经济问题，所以企业需要采取措施，采用新的管理会计方法，以便优化财务管理的质量，促进企业科学发展，保证企业经营管理的稳定。对于财务管理工作来说，企业选择应用管理会计工具，有利于做好企业资金等方面的维护工作，为企业战略目标的制定提供数据支持，促进企业走正确的发展道路，实现企业经济效益最大化的经营目标。

企业应用管理会计工具不仅对提高成本控制有促进作用，还能够通过成本控制管理机制增强成本核算的有效性。同时，依据企业的实际经济状况，围绕企业的生产经营成本，能够对企业未来的经营情况做好预测，为企业经营者的决策提供助力。高效率的成本决策能够促进企业管理者提高整体经营水平，确保企业资金得到合理的利用。随着企业在市场经济中的深入发展，企业经营范围不断扩大，要求企业改变以往的工作模式，注重工作创新精神发展。企业经营活动推动着项目的扩展，同时由于企业覆盖范围的增加，会计工作量比较大，企业利用管理会计工作方法收集、整理企业的财务数据，筛选企业的数据信息，对财务数据进行分类管理，这样有利于企业对潜在的风险提出控制力，有效规避风险，减少企业的经济损失，增强经济效益。管理会计的应用有利于企业对整体的经济行为进行控制，促进实现企业战略目标。企业管理会计的应用和管理，有利于企业提高绩效考核管理机制的内容，同时完善相关的管理制度，规范企业内部的经营行为，优化企业内部资源的配置，提高企业的市场竞争力，促进企业的健康发展。

三、管理会计应用领域

财政部在 2014 年出台《关于全面推进管理会计体系建设的指导意见》，这份文件颁发后，后续出台了 34 项管理会计应用指引，是一套普遍使用且具有广泛指导意义的管理会计指引。管理会计涉及 7 大应用领域和 26 种主要工具与方法。7 个应用领域具体内容如下。

1. 战略管理领域

战略管理是对一个企业做出资源配置决策并实施管理的过程，这一过程需要保证企业具有长久的发展方向、明确的目标和清晰的任务。战略地图所描述的战略目标间的因果关系有助于企业财务价值的实现，价值链管理将企业的内外部活动协调整合，并开展计划管理等工作，使它们形成相互协作的有机整体。

2. 预算管理领域

预算管理是对经营活动和相应的财务结果进行全面预测和筹划，推动企业战略目标实现的管理活动。滚动预算通过逐期滚动执行预算，编制工作烦琐但保持了预算的连续性；零基预算的计算方法以零为起点，编制本期经济活动的预算；弹性预算基于企业的各种业务量水平，确定相应预算项目的所耗资源；作业预算的核心思想是产出消耗作业、作业消耗资源，以作业管理为基础来满足利益相关者的要求；全面预算管理是通过分配、考核、控制企业的各项资源，全面提高企业经营效率并完成既定经营目标的预算方法。

3. 成本管理领域

成本管理是企业围绕成本计划、成本核算、成本控制、评价考核等一系列活动而展开的管理行为。目标成本法以客户收入与目标利润为基础确定成本管理模式；标准成本法通过比较预先制定的标准成本与实际成本，分析成本差异产生的原因，以此来加强成本控制；变动成本法能够揭示业务数量、利润与成本间的内在联系；作业成本法是根据各项作业消耗资源的情况，将资源成本分配到作业中，再将作业成本追溯至对应的产品和服务之中。

4. 营运管理领域

营运管理是通过计划、组织、指挥、实施、控制等活动，管理组织的运营过程，与物料采购、产品生产和销售服务等紧密相关，所涉及的工具方法可以普遍应用于企业的长期或短期营运决策之中。本量利分析可用于企业的生产决策、成本决策等；而敏感性分析则应用于企业的营运规划、监控分析调整之中。

5. 投融资管理领域

投融资管理包括投资和融资两个部分，前者是企业将资金投入营运进行管理，而后者则是管理企业筹集的资金。贴现现金流法是利用货币的时间价值，选择恰当的贴现率对各期流入、流出的现金进行贴现；项目管理是企业采用特定的知识或方法，协调、控制各项资源，使项目能在限定的条件下，实现或超过设立的目标。

6. 绩效管理领域

绩效管理是指企业各级管理者和员工对建立并实现绩效目标的方法达成一致意见，不断提升组织绩效目标的过程。关键绩效指标法明确了价值创造活动与战略规划目标间的联系；经济增加值可以评价企业是否有效使用了资本并为股东创造了价值，是企业实施价值管理的基础；平衡计分卡以财务、客户、内部运营、学习与成长四个指标为核心，可以有效衡量组织的绩效。

7. 风险管理领域

风险管理是指企业为降低风险问题发生的可能性，通过判别、评估、预示各种潜在风险并积极应对的过程。风险矩阵是按照风险的影响程度和严重性，绘制风险矩阵图，分析并找出应对措施的方法；风险清单是企业根据自身经营的特点和要求，以制作表单的形式列举所面临的风险，及时做出应急计划并出具风险报告的方法。

第二部分

认识岗位

The second part
The second part
The second part
The second part

入职培训专题三
认识学徒业务岗位

2014年末，财政部发布了一份承载着我国会计改革与发展方针的指导文件——《关于全面推进管理会计体系建设的指导意见》。面对世界经济增速减缓、结构转型、竞争加剧的后危机时代，未来十年内会计行业的人才结构将发生根本转变。中低级财务会计人员将被管理会计人才取代。要避免用财务会计的思维模式进行管理会计工作，管理会计岗位职业能力的构建也必须建立在对二者有明确区别的基础上。因此，应先了解二者之间的区别，进而分析管理会计岗位职责，据此得出管理会计岗位所需具备的能力。

一、管理会计与财务会计的区别

管理会计是会计的一个重要分支，是在单位进行规划决策控制和评价等方面发挥重要作用的一种管理活动。其是服务于内部经营管理，旨在提高经济效益的对内报告会计，侧重于创造价值，其职能就是分析过去、控制现在与筹划未来的有机结合。具体来说，管理会计的职能就是围绕战略目标进行分析、预测、规划、决策、控制与评价。

管理会计与财务会计之间的区别：一是服务对象不同，管理会计的服务对象是对内的，向单位内部提供管理会计报告，而财务会计是对外的，要提供的是财务报告。二是职能作用不同，管理会计的作用是创造价值，它的职能有分析、预测、规划、决策、控制与评价，而财务会计主要的职能是进行核算和监督。三是程序与方法不同，管理会计的程序是灵活多样的，方法也可以进行选择，而财务会计的程序是固定的，并且是要按照顺序进行的。四是约束条件不同，管理会计不受准则制度的约束，其是根据企业的内部需要工作的，而财务会计要遵守会计准则和会计制度。五是报告期间不同，管理会计不受固定期间的限制，可以按年、季、月、日和小时报告，而财务会计是有固定会计期间的，会计期间主要有年、半年、季和月。六是信息特征不同，管理会计是面向未来的信息，可以不必太精确，而财务会计是面向过去的，它所呈现的信息必须精确。七是组成人员不同，管理会计可以是企业所有人员，而财务会计的组成人员就是会计人员。

1. 财务会计重“历史”，管理会计重“未来”

企业财务报告的确认和计量明确了财务会计的属性更注重历史成本，通过与西方会计准则接轨及经济发展的要求，虽然后来加入了现行成本、可实现净值、未来现金流量现值、公允价值等计量属性，但是权责发生制这一基本的会计法则注定了其逃不开历史的约束。而企业的战略决策属于顶层设计，必须要有预见性和前瞻性，管理会计就是先设定基于战略的目标或标准，如风险管理、预算控制、业绩评价等一系列具有鲜明未来特性的工作，财务会计在报表中只考虑显性成本，不考虑机会成本，而管理会计两者兼顾，所以这就为管理会计提供了生存的土壤和发展的空间。

2. 财务会计重“结果”，管理会计重“因果”

财务会计主要为债权人、股东、供应商、管理者提供必要信息，外部性强；管理会计主要为管理决策层提供有效财务信息，内部性强。财务会计将成本划分为期间费用和产品成本，并在一个会计期间将收入与成本进行匹配，因此无法反映收入、成本之间的因果关联，只能向内部和外界提供综合性会计信息。管理会计将成本分为变动成本与固定成本，固定成本又分为直接与间接成本，因此能完整地展示收入、成本间的因果关联，将单位产品、员工业绩、客户优先权、存货 ABC 分类等信息系统地展示出来，利用本量利分析、长短期经营决策等工具帮助管理者进行战略决策。

3. 财务会计重“准确”，管理会计重“关联”

财务会计追求数据准确性，管理会计追求数据间的关联性，管理者往往需要在财务信息的准确性与关联性之间进行平衡，固定资产的历史价值满足准确性诉求，但无法满足关联性诉求，公允价值满足关联性诉求，但是满足不了准确性诉求。两者不能“孪生”，而且可能相害。财务会计只能在一定历史数据的前提下运用公允价值计量。管理会计在保证数据关联性的前提下尽量保证数据的准确。

4. 财务会计重“准则”，管理会计重“逻辑”

财务报告主要为外部使用者提供数据，而外部使用者不能清楚地了解企业经营状况，企业为了获得更多的外部认可，存在操纵财务数据骗取信任的情况。如 20 世纪 20 年代起源于美国的全球性经济危机催生了证券交易法，并建立了具有强制约束力的会计准则，会计准则的诞生为财务会计穿上了约束的外衣。而管理会计信息的使用者皆为内部人员，无须准则的约束，旨在为战略决策和内部管理服务。

5. 财务会计重“票据”，管理会计重“经营”

财务会计的数据处理依靠各种各样的凭证，无须凭证使用者了解具体的运营过程，核算工作可以交由代理记账机构进行外包服务，而管理会计设计企业战略决策、成本控制、业绩管理、预算控制等牵一发动全身的事项，所以其无法进行外包，只能依靠熟悉内部流程、知晓企业理念、明白企业战略、懂得经营方式的“老手”承担管理会计工作。

6. 财务会计重“事实”，管理会计重“人性”

财务会计的日常核算依靠凭证，所以只有凭证审核无误，才能流畅地开展工作，处处用数据去反映财务状况和经营成果、衡量员工的业绩水平、评价管理者的工作效果，认可数据即为事实的定理，遵从“对事不对人”的契约精神，弱化了人性激励在企业管理中的作用。而管理会计会综合考虑各种因素对经营成果的影响，注重用沟通、协调、责任感、文化等软性工具去综合评价和经营管理，充分考虑和激发“人性”对战略管理的影响。

二、学徒岗位认知

进入企业以后，学徒学生要在师傅的指导和带领下，进行管理会计业务的学习和实践。首先，认识和了解企业，熟悉管理会计岗位职责和业务要求，知道学徒岗学生应达到的目标和工作任务。其次，根据企业师傅的指导，学习管理会计每一个服务领域的知识点与技能点，跟随师傅处理管理会计任务，典型的任务主要有战略地图绘制、全面预算编制（包括销售预算编制、生产预算编制、直接材料、直接人工和制造费用预算编制、产品成本预算编制、现金预算编制）、成本管理（包括变动成本法、标准成本制定和差异分析、作业成本法和目标成本法等）、本量利管理应用（包括变动/固定成本管理、保本点计算、保利点计算、利润敏感性分析和保本点作业率计算等）、投资决策评价（净现值法、现值指数法、内含报酬率法）、绩效评价（包括经济增加值法、平衡记分卡和关键绩效指标法）、风险管理（风险矩阵、风险清单）和管理会计报告撰写及应用，每一个任务完成后，企业师傅都会对学徒任务完成情况进行考核和评价。

入职培训专题四

岗位职责和任职资格

一、岗位职责

管理会计是着重为企业改善经营管理、提高经济效益服务的一个企业会计分支。它包括成本会计和管理控制系统两大组成部分。管理会计的岗位职责包括对财务成本进行预算，提出决策分析数据；编制全面预算，确定各项财务目标；对财务成本进行控制，开展价值分析；评价经营业绩，考核责任单位实绩和成果。具体内容包括以下几点。

1. 对财务成本进行预算，提出决策分析数据

（1）进行成本、销售和利润的预测，并进行成本核算；

（2）参与生产经营短期决策和长期投资决策，提出有关决策分析的数据。

2. 编制全面预算，确定各项财务目标

（1）根据生产经营目标，编制企业的全面预算，确定目标成本和目标利润；

（2）提出增收节支的措施，保证成本目标和利润目标的实现，提高经济效益。

3. 对财务成本进行控制，开展价值分析

（1）建立财务成本控制体系，对成本和资金进行控制，保证销售目标和利润目标的完成；

（2）对产品进行价值分析，按销售区域进行利润的敏感性分析，以挖掘降低目标的潜力。

4. 评价经营业绩，考核责任单位实绩和成果

（1）建立成本和利润责任中心，编制责任预算，保证企业生产经营目标的实现；

（2）通过对各责任中心业绩报告的实际数与预算数的对比，考核评价各责任中心的工作实绩和经营效果。

管理会计侧重于事前预测、计划及事后的分析，主要工作包括预算、计划、考核、决策分析、管理报表及其分析。

管理会计覆盖的岗位按照职责来看，可以包括成本会计师、管理会计师、高级会计师、财务分析师、预算分析师、财务经理、财务总监、首席财务官等岗位。

二、任职资格

对于管理会计工作，需要具备相应的能力才能胜任，以下是胜任管理会计工作应具备的任职条件。

1. 精通财务知识

精通财务知识是必备技能，不是简单地了解，需要精通。要能熟练运用财务信息去提供相决策需要的数据支撑，并不仅仅局限于决策。

2. 掌握信息化技术

随着大数据、信息化时代的到来，要学会用信息化手段利用数据间的关系，进行数据抓取和分析，捕捉出更多的数据与数据之间的关联信息。

3. 管理会计工具的运用与创新

管理会计工具的运用与创新会根据企业类型、生产特点和管理要求运用合适的工具去处理信息，为做出决策提供依据。

除此之外，管理会计还要具备善于发现问题的能力、分析问题的能力和解决问题的能力；具备一定的沟通能力，不管是去收集数据，理解这些数据信息，还是在表达这些信息代表着什么的时候，都离不开沟通。同时，管理会计还要熟悉生产流程及业务市场，了解生产线与市场环境。这虽然不是财务信息方面的重要基本条件，但是如果连生产流程及市场动向都不清楚，也就是基于分析的环境都没搞清楚，一切的数据分析就是无效的。

入职培训专题五

岗位技能要求和培养目标

一、管理会计岗位技能要求

依据《管理会计基本指引》和 34 项管理会计应用指引等文件，结合我国经济发展对管理会计的实际需求，以管理会计岗位需要履行的职责和角色定位为基础，构建符合我国国情的管理会计职业能力框架，制定管理会计岗位职业知识和技能如表 2-5-1 所示。

表 2-5-1　管理会计岗位技能要求

序号	初级岗位	中高级岗位
1	能够根据企业战略分析企业各维度目标和对应的 KPI，绘制战略地图	能够根据企业经营情况和企业战略绘制战略地图，并为企业开发与组织战略地图配套的组织平衡计分卡
2	能够根据预算的编制流程进行不同种类的预算并编制各种预算报表	能够根据预算的编制流程进行不同种类的预算并编制各种预算报表，为决策层提供有效参考数据
3	能够进行成本性态分析、分解，为管理人员提供正确的分解数据	能够正确运用成本性态分析工具进行战略决策
4	能够运用变动成本法和完全成本法计算损益，能够正确理解两种方法带来的利润差，会用作业成本法核算产品成本，会根据目标利润和目标单价制定目标成本	能够熟练地将变动成本法和完全成本法运用于战略决策，会用作业成本法和目标成本法法进行成本管理
5	能够进行成本差异分析与计算并制定标准成本	能够熟练地进行成本差异分析与计算并制定标准成本，为决策层提供有效参考数据

续表 2-5-1

序号	初级岗位	中高级岗位
6	能够运用本量利分工具进行保本点、保利点分析，能够正确运用经营安全程度指标对经营过程进行评价	能够熟练运用本量利工具进行盈亏平衡预测与分析，并为决策层提供有效参考数据
7	能够运用投资决策评价指标进行投资决策评价	能够选择适合的方法进行投资决策评价，并为决策者提供依据
8	能够运用绩效评价方法进行绩效评价	能够熟练运用绩效评价方法进行绩效评价，并为决策层提供依据
9	能够进行风险矩阵编制和风险清单制定，沟通报告风险等级	能够熟练运用风险矩阵和风险清单方法进行风险等级判定和提出应对措施
10	能够撰写管理会计报告	能够熟练撰写管理会计报告，为决策者提供有效信息

二、培养目标

党的二十大报告指出："教育、科技、人才是全面建设社会主义现代化国家的基础性、战略性支撑"。其中教育摆在首位。报告还提出，要办好人民满意的教育，全面贯彻党的教育方针，落实立德树人根本任务，培养德智体美劳全面发展的社会主义建设者和接班人，加快建设高质量教育体系，发展素质教育。因此，为贯彻落实党的二十大精神，提高育人质量，培养国家需要的、素质过硬的管理会计人才，依据《关于全面推进管理会计体系建设的指导意见》等文件，结合管理会计岗位职责、工作内容和技能要求，我们培养出的管理会计人才应该达到以下要求。

（一）职业素质目标

（1）树立大局意识，在学习和工作中要自觉从大局角度思考问题，以大局为重；

（2）具体问题具体分析，具备脚踏实地、务真求实、严谨认真的良好职业习惯；

（3）要克服畏难情绪，具备自主学习和适应会计改革发展需要的能力；

（4）脚踏实地，学习和生活有计划性；

（5）见微知著、以小见大，具备良好的业务素质，能做好企业管理的参谋；

（6）客观公正，激励措施公平合理；

（7）居安思危、未雨绸缪、防范风险。

（二）专业知识目标

（1）了解管理会计的特点及与财务会计的关系；

（2）知道战略地图的含义和作用；

（3）了解全面预算体系，掌握全面预算的编制方法；

（4）理解本量利分析的基本数学模型，掌握保本点、保利点等指标的含义和计算方法；

（5）知道变动成本法和完全成本法的区别；知道不同成本管理方法的含义和适用范围；

（6）知道投资决策评价指标的含义和应用范围；

（7）知道绩效评价的方法和含义，了解每种方法的优缺点；

（8）知道风险管理的方法及应用条件；

（9）掌握管理会计报告撰写的方法。

（三）职业能力目标

（1）能够绘制战略地图；

（2）能够对数据进行提炼和计算，建立基本模型，进行成本性态分析、保本分析、保利分析和经营安全分析；

（3）能够选择合适的方法进行成本管理，会进行成本差异分析；

（4）能够分析和评价项目投资的可行性并进行决策；

（5）能够编制全面预算，确定各项财务目标；

（6）能够正确进行绩效评价，考核责任单位业绩和成果；

（7）能够进行风险识别和评价，制定应对措施；

（8）能够撰写管理会计报告。

入职培训专题六
制订学徒培养计划

一、管理会计学徒学习和工作计划

管理会计学徒学习和工作计划见表 2-6-1。

表 2-6-1 学徒学习和工作计划

学习任务	学习内容	工作内容	学习时间/天	学习地点
战略地图绘制	1. 战略地图的含义和作用 2. 战略地图绘制方法	绘制企业战略地图	15	学徒企业
全面预算编制	1. 预算管理的含义、内容 2. 预算编制的方法 3. 全面预算的编制 4. 预算执行与考核	1. 编制经营预算 2. 编制专门决策预算 3. 编制财务预算	30	学徒企业
成本管理	1. 成本性态分析 2. 变动成本法概念及应用方法 3. 目标成本法的概念、应用环境和程序 4. 标准成本法的概念、标准成本的制定和差异分析 5. 作业成本法的概念及运用	1. 进行成本性态分析 2. 运用变动成本法和完全成本法计算损益，分析两种方法带来的利润差 3. 运用目标成本法进行分析 4. 制定标准成本，并进行成本差异分析 5. 运用作业成本法进行计算并分析	30	学徒企业

续表 2-6-1

学习任务	学习内容	工作内容	学习时间/天	学习地点
量本利管理应用	1. 量本利分析的认知 2. 保本分析和保利分析 3. 利润敏感性分析 4. 安全边际分析	1. 对企业业务进行保本分析和保利分析，运用经营安全程度指标对经营过程进行评价 2. 对企业业务进行利润敏感性分析 3. 进行安全边际分析	25	学徒企业
投资决策评价	1. 投融资管理的概念及分类、原则及程序 2. 现金流量的含义及估算 3. 净现值的计算 4. 内含报酬率的计算	1. 估算现金流量 2. 计算净现值和内含报酬率 3. 灵活运用项目投资决策评价指标进行投资项目评价和选择	20	学徒企业
绩效评价	1. 绩效管理的概念、应遵循的原则 2. 关键绩效指标法的概念、应用前提和程序以及运用 3. 经济增加值法的概念及运用 4. 平衡计分卡的概念及运用	1. 运用关键绩效指标法进行绩效评价 2. 运用经济增加值法进行绩效评价 3. 运用平衡计分卡进行绩效评价	15	学徒企业
风险管理	1. 风险管理的含义 2. 风险管理下的内部控制及风险矩阵	1. 对企业风险进行有效识别、评估、预警，并制定应对措施 2. 绘制风险矩阵	15	学徒企业
管理会计报告的撰写及应用	1. 管理会计报告的概念及特征 2. 管理会计报告的编制要求及流程	撰写管理会计报告	10	学徒企业

二、管理会计学徒专题研修计划

管理会计学徒专题研修计划见表 2-6-2。

表 2-6-2 专题研修计划

研修专题	研修内容	研修时间/天	研修地点
财务管理专题	1. 预测的方法 2. 投资项目各类指标的计算 3. 筹资的渠道和方式及资金成本的计算 4. 企业相关会计准则	5	学徒企业
成本会计专题	1. 成本的分类 2. 产品成本计算方法 3. 产品成本计算方法的选择	5	学徒企业
企业经营管理专题	1. 企业经营理念、营运管理 2. 企业战略管理、营销策略 3. 企业经营的相关政策	5	学徒企业

第三部分

学徒工作学习任务

The third part

The third part

The third part

The third part

【专业知识准备】

一、管理会计的描述

（一）管理会计的含义

管理会计是会计的一个重要分支，它主要服务于单位的内部管理需要，这里所说的单位包括企业和事业单位。它是通过利用相关的信息有机融合财务与业务活动，在单位进行规划决策控制和评价等方面发挥重要作用的一种管理活动。

（二）管理会计的职能

管理会计是服务于内部经营管理，旨在提高经济效益的对内报告会计，侧重于创造价值，它的职能是分析过去、控制现在与筹划未来的有机结合。具体来说，管理会计的职能就是围绕战略目标进行分析、预测、规划、决策、控制与评价。

1. 分析职能

分析职能是指对信息的收集、整理与加工，并获取有价值信息的过程。分析职能可以按照时间来分析，可以是分析企业的过去，分析企业现在所处的环境，以及分析企业未来的发展；如果从分析内容来看，可以分析企业的财务信息，或者分析企业的非财务信息；分析的方法有定量分析和定性分析。

2. 预测职能

预测是指采用科学的方法预计、判断、推测事物未来发展的趋势和水平的行为。预测应以企业战略为导向，利用分析所形成的数据，在充分考虑经济规律的作用和经济条件的制约，有目的地预计和推测单位未来的销售、利润、成本以及资金的变动趋势和水平，为企业预算编制、活动控制和方案决策提供基础资料。

3. 规划职能

规划是指以分析结果为依据，确定单位的战略目标及以其为导向的财务、市场、生产经营和组织管理等的目标，并指定实现目标的过程及途径。规划的价值化及数量化表现形式是预算。

4. 决策职能

决策职能是指单位的相关部门和人员选择和决定未来经营活动方案的过程。决策应以战略为导向，以分析和预测的结果为依据，围绕决策目标拟定多种实施方案，并通过对各种方案分析、评价而最终决定最优方案。

5. 控制职能

控制职能是指通过对单位生产经营过程进行影响和干预，使其按照所规划的战略途径、预算方案和其他预定目标进行的过程。管理会计通过采用合适的方法和工具，通过比较、分析实施情况与规划、预算和相关标准的差异，找到发生偏差的原因，及时采取措施防范风险，实现战略目标和决策目标。

6. 评价职能

评价职能是指通过分析、考核各责任单位的业绩，提示各责任单位实施战略、预算和标准的情况，并通过奖勤罚懒、奖优罚劣等手段，正确处理分配关系，保证战略和经济责任制的贯彻执行。

管理会计的上述六大职能体系都是紧紧围绕企业的战略管理目标开展的，是一个循环往复的过程。

（三）管理会计的内容

管理会计的内容是指管理会计服务的领域。2016 年 10 月，财政部发布的《管理会计基本指引》中，概括说明了管理会计的基本内容主要包括战略管理、预算管理、成本管理、营运管理、投融资管理、风险管理及绩效管理 7 个领域的活动（表 2-6-3）。

二、管理会计的工具与方法

管理会计的主要活动可以归纳为规划活动、决策活动、控制活动和评价活动，开展这些活动需要一定的工具和方法（表 2-6-3）。

表 2-6-3　管理会计的工具与方法

管理领域	常见的工具与方法
战略管理	战略地图、价值链管理
预算管理	全面预算管理、滚动预算管理、作业预算管理、零基预算管理、弹性预算管理
成本管理	目标成本管理、标准成本管理、变动成本管理、作业成本管理、生命周期成本管理
营运管理	本量利分析、敏感性分析、边际分析、标杆管理
投融资管理	贴现现金流法、项目管理、资本成本分析
风险管理	风险矩阵、风险清单
绩效管理	关键指标法、经济增加值、平衡计分卡

【典型人物案例】

中国现代会计之父——潘序伦

潘序伦（1893—1985），江苏宜兴人，立信会计师事务所、上海立信会计金融学院创始人，中国现代杰出的会计学家和著名教育家。

潘序伦是发展我国会计事业和培养我国会计人才的先驱，创建了事务所、学校、出版社“三位一体”的立信会计事业，主张“没有信用，也就没有会计”，被誉为“中国现代会计之父”。

潘序伦的学习和工作经历非常丰富，教育理念先进，是一位既有丰富学识又有爱国精神的前辈。潘序伦1919年破格进入上海圣约翰大学，1921年提前毕业，获得文学学士学位。后保送进入美国哈佛大学商业管理学院，选学会计学科，奠定了一生从事会计学研究的基础。1923年，获得哈佛大学企业管理硕士学位。潘序伦后来回忆说："我在哈佛大学企业管理学院尽力选学有关会计的学科，学就得学个透彻。"1924年，潘序伦获得哥伦比亚大学经济学博士学位。

潘序伦学成回到中国，任上海商科大学教务主任兼会计系主任、上海国立暨南学校（现暨南大学）商学院院长和重庆大学兼职教授等职，致力于引进并传授西方先进的会计知识与技术。后辞去教授职务，创办了"潘序伦会计师事务所"，后借用《论语》中"民无信不立"之意，将其更名为"立信会计师事务所"，并为"立信"写下箴言："信以立志，信以守身，信以处世，信以待人，毋忘立信，当必有成。"潘序伦先后创办簿记训练班、立信会计补习学校、函授学校、专科学校和高级职业学校。

1937年，潘序伦与事务所同仁创建立信会计专科学校，以培养既精通业务又具有管理能力的高级会计审计人才。1941年6月，在重庆成立"立信会计图书用品社"，潘序伦出任社长，专门出版立信会计丛书和印制发行会计账册报表。1979年，在他的关心支持下，上海成立了全国第一家会计学会，他捐资4万元作为学会的发展基金。1981年成立了全国第一个会计师事务所——上海市会计师事务所，潘序伦被推举为董事长。

潘序伦将现代会计的复式簿记方式及其理论引入中国，奠定了中国现代会计学的发展道路；他创办了中国第一家会计师事务所，并创立了一个闻名中国的会计品牌——立信。1986年3月，他重新组建了立信会计师事务所，该所是上海市第一批获国家批准的可以从事股份制企业查证业务的四家会计师事务所之一，推动了会计事业的发展。

潘序伦在教育上的贡献非常大，可以说为会计人才的培养奠定了基础。1924年，潘序伦学成归国，被暨南大学聘为教授，加上他还出版了《簿记与会计》《公司理财》两本书，可得15%的稿酬版税，所以不到两年就有了25 000元存款。他捐出10 000元，以简先生名义设立"思源帮学基金"，扶持贫寒大学生，这笔基金曾帮助过五十多名大学生。1927年，深感我国会计人才匮乏的潘序伦在上海设立了簿记训练班。此后一直到1947年，立信会计补习学校共计举办了40届，前十年入学学生4 783人，后十年30 476人，最盛时仅上海一地就设有11所分校，为我国输送了数以万计的会计人才。而立信会计学校的品牌，发展成为如今的"上海立信会计金融学院"。1937年4月15日，他筹集17万元创设立信会计专科学校并任校长。准备在徐汇区新建永久校舍，经当时国民政府教育部备案后，于当年7月开始招生，但随之而来的抗日战争打断了这一计划。从1937年开始，潘序伦先生先后在桂林、重庆、南京、广州、天津等地设立分所。全国各地的立信学校都有这么一条校规：考试作弊者一律开除学籍。在潘序伦的影响下，立信学子大多勤奋苦学，成绩优良，得到工作单位的普遍好评。学校信誉日隆。有一组数据显示，截至 1953 年，立信培养的毕业生已逾 10 万人，遍布全国各地。

潘序伦有很多话至今仍是我们会计从业人员谨记于心的名言，比如，会计师应具有公正之品格，诚笃之心地，廉洁之操守，勤奋之精神，以恢张其信用，而发挥其效能。夫学识经验及才能，在会计师固无一项可缺，然根本上终究不若道德之重要。刻苦耐劳办学校，然后可能有成就；理论实务相结合，然后可望有专才。会计 99 分不算合格，只有 100 分才算合格。取之于社会，用之于社会；取之于会计，用之于会计；取之于学生，用之于学生。

典型人物事迹感想：
典型人物工匠精神总结凝练：

项目一
战略地图绘制

在师傅的指导和带领下，确定战略地图的维度，了解战略地图的作用，理解战略地图的含义，熟知战略地图绘制步骤，知道战略地图通用模型，绘制出战略地图。

【项目目标与质量要求】

明确战略地图的四个维度的名称，确定各维度的战略主题并与其对应的关键绩效指标（KPI）对接，绘制出战略地图。引导学生树立大局意识，在学习和工作中要自觉从大局角度思考问题，以大局为重；具备统筹规划意识。

【学习产出目标】

1. 能够正确确定各维度主题及其对应 KPI；
2. 熟知战略地图绘制程序，能够正确绘制出战略地图。

【工作程序与方法要求】

步骤	内容	要求
确立战略地图的总体主题	根据企业现状、使命和发展愿景，进行企业战略目标及动因分析，确立战略地图的总体主题并与财务维度的战略主题和 KPI 对接	要求：正确确定战略地图的总体主题
确定四维度的指标	根据企业需要，确定四个维度的名称，把确定的四个维度的战略主题对应划入各自战略地图内，每一主题可以通过若干 KPI 进行描述，分别确定好四个维度对应的指标	要求：正确确定各维度的指标
连接成战略地图	将前面步骤中确定的各个战略主题和 KPI 用路径线连接，形成战略主题和 KPI 相连的战略地图	要求：绘制出战略地图

【业务知识】

1. 战略地图含义

将企业的战略管理目标及实施路径用可视化手段反映出来，让每一个员工清楚地理解战略、认同战略，并以战略指标的实现程度评价责任中心和员工的业绩，以战略管理引导绩效管理，以绩效管理促进战略实施，这个工具就是战略地图。

战略地图是对企业战略要素及其之间因果关系的可视化表示方法。

2. 战略地图维度

企业的战略地图有四个维度，分别是财务维度、客户维度、内部流程维度、学习与成长维度。

3. 战略地图绘制步骤

首先，确定战略地图的总体主题是对企业整体战略目标的描述，应清晰表达企业愿景和战略目标，并与财务维度的战略主题和 KPI 对接。

其次，根据企业的需要确定四维度的名称，把确定的四维度战略主题对应划入各自战略地图内，每一主题可以通过若干 KPI 进行描述。

最后,将各个战略主题和 KPI 用路径线连接,形成战略主题和 KPI 相连的战略地图。

【工作任务】

N 公司的战略主题之一：通过创新增加收入。

解析：先进行企业战略目标及动因分析，再确定战略目标和 KPI，最后连接绘制出战略地图，具体来说，N 公司以产品创新开展竞争，向目标客户发布的新产品中融入了最前沿的技术。N 公司希望赢得很高的客户忠诚度，其可通过新产品的“客户保留率”和“客户份额”指标来衡量。为了实现这两个目标，企业应该持续改善产品开发流程，成为创新产品的最初供应商，以不断保持客户忠诚度，而实现这一客户价值的关键流程是大幅度缩短产品开发周期。N 公司要完成上述战略目标，必须依赖于技术人员的高素质，尤其是他们的专业能力及其将不同学科的新技术应用到最终产品上的能力。为此公司将实施留住关键人才的政策，因为有经验的员工能够理解公司文化，并能积累先前产品开发的经验。为此，公司将“关键员工保留率”作为创新战略中最基础的学习与成长维度的战略目标。

基于上述分析，N 公司将“增加新产品收入促进总收入增长”作为总体战略目标，并将其转化为财务维度的年收入增长 20%、新产品收入占比 25%两个 KPI。同时，公司根据战略分析的路径，确定了客户维度、内部流程维度、学习与成长维度的战略主题，并确定了各维度的 KPI（表 3-1-1），形成战略地图的框架。

最后将上述各个战略主题和 KPI 用路径线连接，形成战略主题和 KPI 相连的战略地图（图 3-1-1）。

表 3-1-1　企业战略目标和 KPI

维度	战略目标	KPI	目标值
财务维度	增加收入	年收入增长比例 新产品收入比例	20% 25%
客户维度	创新产品	客户保留率 客户份额	75% 35%
内部流程维度	世界级产品最初供应商	领先进入市场 产品上市周期	70% 10 个月
学习与成长维度	稳定的高素质员工	专业能力达标率 关键员工保留率	100% 95%

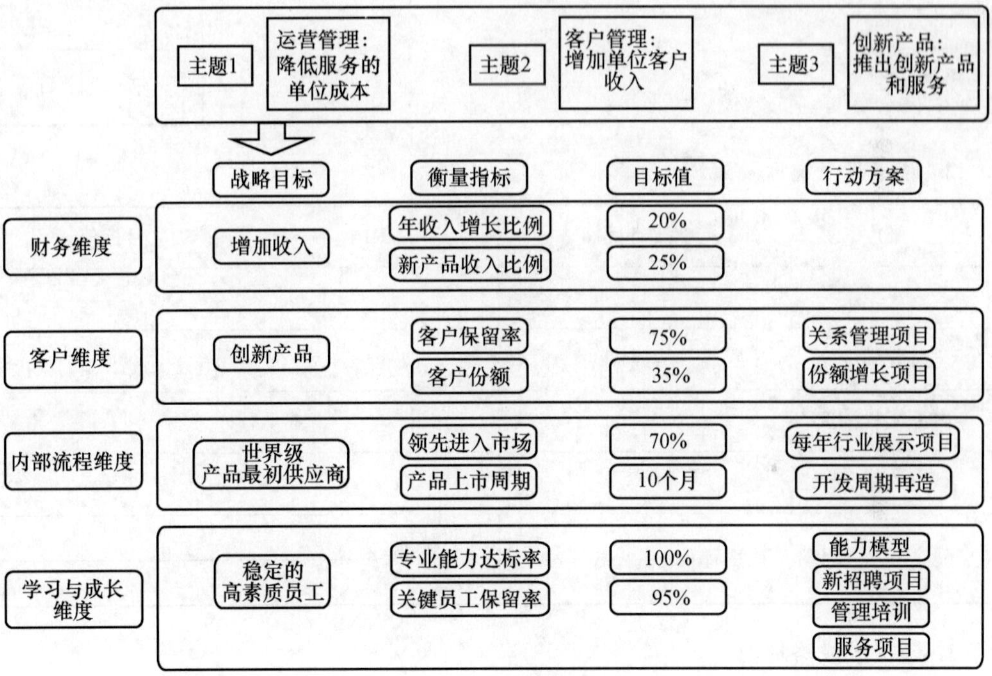

图 3-1-1　战略地图

【业务经验】

1. 战略地图四个维度分别对应的常用指标

财务维度使用财务指标描述了有形的输出结果，如投资回报率、经济增加值、营业利润、单位客户收入和单位制造成本等。客户维度包含客户结果性衡量指标，如满意度、保留率增长等，同时也包含对目标客户细分的价值定位进行衡量的指标。内部流程维度确定了几个关键性业务流程，它们能够促使客户和财务维度战略目标的达成。

学习与成长维度，支持价值创造流程的岗位（人力资本）、系统（信息资本）和氛围（组织资本）。

2. 一个科学合理的战略地图的指标数量分配

所有指标在四个维度上的典型分配比例：财务维度 20%左右，客户维度 20%左右，内部流程维度 40%左右，学习与成长维度 20%左右。

【工作任务实施记录与评价】

1. 确定战略总体主题

师傅指导记录	确定战略总体主题质量评价	评价成绩
		年　月　日

2. 确定四个维度及 KPI

维度	战略目标	KPI	目标值
客户维度			
财务维度			
内部流程维度			
学习与成长维度			
计算准确率评价		评价成绩	
		时间	

3. 连接成战略地图

师傅指导记录	连接准确性评价	评价成绩
		年　月　日

4. 学徒关键职业能力及职业品质、工匠精神评价

项目	A	B	C	D
工作态度				
吃苦耐劳				
团队协作				
沟通交流				
学习钻研				
认真负责				
诚实守信				

5. 学徒工作任务记录（完成后附在此处）

项目二
全面预算编制

在师傅的指导和带领下，了解全面预算的含义，知道全面预算的作用，了解全面预算体系、预算编制原则以及流程，能够独立完成预算编制任务，并树立团队协作意识。

【项目目标与质量要求】

能够选择适合的预算编制方法，正确编制销售预算、生产预算、直接材料、直接人工、制造费用预算、产品成本预算以及现金预算。脚踏实地，工作和学习有计划性，具体问题具体分析。

【学习产出目标】

1. 能够正确进行销售预算的编制；
2. 能够正确进行生产预算的编制；
3. 能够正确进行直接材料、直接人工和制造费用预算的编制；
4. 能够正确进行产品成本预算的编制；
5. 能够正确进行现金预算的编制。

【工作程序与方法要求】

● 选择适合的预算编制方法	梳理业务特点和管理要求，分析判断并选择适合的预算编制方法	要求：正确选择方法
● 进行预算编制	根据经济业务，完成经营预算、专门决策预算、财务预算。经营预算包括销售预算、生产预算、直接材料预算、直接人工预算、制造费用预算、产品成本预算等；专门决策预算包括经营决策预算、投资决策预算；财务预算包括现金预算、财务费用预算等	要求：准确编制预算

【业务知识】

1. 全面预算的含义

全面预算是指在预测与决策的基础上，按照企业既定的经营目标和程序，规划与反映企业未来的销售、生产、成本、现金收支等各个方面的活动，以便对企业特定计划期内全部生产经营活动有效地做出具体组织与协调，最终以货币为主要单位，通过一系列预计的财务报表及附表展示其资源配置情况的有关企业总体计划的量化说明。

2. 全面预算的作用

（1）明确工作目标。预算作为一种计划，规定了企业一定时期的总目标以及各级、各部门的具体目标。这样就使各个部门了解本单位的经济活动与整个企业经营目标之间的关系，明确各自的职责及其努力方向，从各自的角度去完成企业总的战略目标。

（2）协调部门关系。通过全面预算管理统一目标和方向，加强各部门、各项目的协同一致，减少部门摩擦，形成共同的目标和努力方向，最终形成合力而不是各自为政、分散力量。也就是说，全面预算把企业各方面的工作纳入了统一计划之中，促使企业内部各部门的预算相互协调，环环紧扣，达到平衡。

（3）控制日常活动。编制预算是企业经营管理的起点，也是控制日常经济活动的依据。在预算的执行过程中，各部门应通过计量、对比，及时揭露实际脱离预算的差异并分析其原因，以便采取必要措施，消除薄弱环节，保证预算目标的顺利完成。

（4）考核业绩标准。企业预算确定的各项指标，也是考核各部门工作成绩的基本尺度。在评定各部门工作业绩时，要根据预算的完成情况，分析偏离预算的程度和原因，划清责任，奖罚分明，促使各部门为完成预算规定的目标努力工作。

3. 全面预算体系

（1）经营预算。经营预算是指与企业日常经营活动（供、产、销）直接相关的经营业务的各种预算。主要有销售预算、生产预算、直接材料耗用量及采购预算、应交税费及附加预算、直接人工预算、制造费用预算、产品成本预算、期末存货预算、销售费用预算、管理费用预算。

（2）专门决策预算。专门决策预算是指企业重大的或不经常发生的、需要根据特定决策编制的预算。比如经营决策预算、投资决策预算、资本支出预算、融资预算。

（3）财务预算。财务预算是指与企业资金收支、财务状况及经营成果等有关的预算。它位于全面预算体系的最后环节，是以价值形式对经营预算和专门决策预算的总体反映，也称为总预算。其包括现金预算、财务费用预算、预计利润表和预计资产负债表。

4. 全面预算的编制程序

（1）预算委员会拟定并下达企业预算总方针；

（2）组织各生产业务部门编制部门预算；

（3）平衡与协调各部门预算并汇总分析；

（4）审议预算并上报董事会综合预算和部门预算；

（5）将批准后的预算下达给各部门执行。

任务一　销售预算的编制

【任务目标与质量要求】

在师傅的指导和带领下，熟知销售预算的编制方法，准确规划预算期销售活动，正确进行销售预算的编制。

【学习产出目标】

能够正确分品种、月份、销售区域编制销售预算表。

【工作程序与方法要求】

●确认销售收入	根据企业年度目标利润确定预计销售量和销售价格，据此计算销售收入	要求：仔细确认
●计算预计销售收入	根据预计销售量和销售价格预测销售收入	要求：正确计算预计销售收入
●计算预计现金收入	根据预计每季度销售收入和当期回收金额，计算预计现金收入	要求：正确计算预计现金收入

【业务知识】

1. 销售预算的概念

销售预算是在销售预测的基础上，用于规划预算期销售活动的一种业务预算。它是企业编制全面预算的起点，其他预算的编制都以销售预算为基础。

2. 销售预算包括的内容

销售预算一般包括以下三项内容：

（1）预计销售量。根据市场预测或销售合同并结合企业生产能力来确定。

（2）单价。通过价格决策确定。

（3）预计销售收入。

其中

预计销售收入＝预计销售单价×预计销售量

预计销售现金收入＝当期现销收入＋收回前期的赊销

某期现销含税收入＝该期含税销售收入×该期预计现销率

某期收回以前期的应收账款＝本期期初应收账款×该期的预计应收账款回收率

3. 销售预算的作用

编制销售预算是全面预算的起点，编好销售预算是保证全面预算质量的关键。企业生产、材料采购、存货费用等方面的预算，都要以销售预算为基础。销售预算把费用与销售目标的实现联系起来。销售预算是一个财务计划，它包括完成销售计划的每一个目标所需要的费用，以保证公司销售利润的实现。

4. 销售预算与现金预算的关系

销售预算包括现金收入计算表，以计算预算期内因销售而得到的现金收入，作为编制现金预算的依据之一。需要注意的是，在企业信用销售的情况下，预算期的销售收入一般不等于现金收入，因此，销售预算还应包括预计现金收入预算。

【工作任务】

某公司生产经营甲产品，2021 年年初应收账款数据和各季度预测的销售单价和销售数量等资料见表 3-2-1。

表 3-2-1　2021 年度某公司甲产品的预计销售单价、预计销售量和其他资料

项目		第一季度	第二季度	第三季度	第四季度	年初应收账款/元	增值税税率	收现率	
								首期	二期
甲产品	销售单价/（元/件）	60	60	60	70	15 000	13%	60%	40%
	预计销售量/件	800	1 000	1 200	1 000				

要求：为公司编制 2021 年的销售预算。

步骤 1： 根据企业年度目标利润确定预计销售量和销售价格（表 3-2-2）。

表 3-2-2　销售预算（一）

季度	第一季度	第二季度	第三季度	第四季度	全年
销售单价/（元/件）	*60*	*60*	*60*	*70*	*62.50*
预计销售量/件	*800*	*1 000*	*1 200*	*1 000*	*4 000*
预计销售收入/元					
增值税销项税额/元					
含税销售收入/元					

续表 3-2-2

季度	第一季度	第二季度	第三季度	第四季度	全年
期初应收账款/元					
第一季度经营现金收入/元					
第二季度经营现金收入/元					
第三季度经营现金收入/元					
第四季度经营现金收入/元					
经营现金收入合计/元					

注：表中斜体字代表相关数据是在此步骤中计算并填入的，后同。

编制说明：根据表中信息，可以看出，2021 年四个季度的预计销售量及销售单价。

步骤 2：计算预计销售收入（表 3-2-3）。

表 3-2-3 销售预算（二）

季度	第一季度	第二季度	第三季度	第四季度	全年
销售单价/（元/件）	60	60	60	70	62.50
预计销售量/件	800	1 000	1 200	1 000	4 000
预计销售收入/元	*48 000*	*60 000*	*72 000*	*70 000*	*250 000*
增值税销项税额/元	*6 240*	*7 800*	*9 360*	*9 100*	*24 076*
含税销售收入/元	*54 240*	*67 800*	*81 360*	*79 100*	*274 076*
期初应收账款/元					
第一季度经营现金收入/元					
第二季度经营现金收入/元					
第三季度经营现金收入/元					
第四季度经营现金收入/元					
经营现金收入合计/元					

编制说明：

预计销售收入＝预计销售量×销售单价

第一季度预计销售收入＝60×800＝48 000（元）

第二、三、四季度依此类推。

增值税销项税额＝预计销售收入（不含税）×税率

第一季度增值税销项税额＝48 000×13%＝6 240（元）

第二、三、四季度依此类推。

第一季度含税销售收入＝预计销售收入＋增值税销项税额＝48 000＋6 240＝54 240（元）

第二、三、四季度依此类推。

步骤 3：计算预计现金收入（表 3-2-4）。

表 3-2-4　销售预算（三）

季度	第一季度	第二季度	第三季度	第四季度	全年
销售单价/（元/件）	60	60	60	70	62.50
预计销售量/件	800	1 000	1 200	1 000	4 000
预计销售收入/元	48 000	60 000	72 000	70 000	250 000
增值税销项税额/元	6 240	7 800	9 360	9 100	24 076
含税销售收入/元	54 240	67 800	81 360	79 100	274 076
期初应收账款/元	15 000				15 000
第一季度经营现金收入/元	*32 544*	*21 696*			*54 240*
第二季度经营现金收入/元		*40 680*	*27 120*		*67 800*
第三季度经营现金收入/元			*48 816*	*32 544*	*81 360*
第四季度经营现金收入/元				*47 460*	*47 460*
经营现金收入合计/元	*47 544*	*62 376*	*75 936*	*80 004*	*265 860*

编制说明：根据资料，每季度销售收入中，本季度收到现金 60%，另外的 40%现金到下季度才能收到，因此，

第一季度经营现金收入＝54 240×60%＝32 544（元）

第一季度另外 40%销售收入在第二季度收到＝54 240×40%＝21 696（元）

同理，可以得到第二、三、四季度经营现金收入。

注意：第一季度经营现金收入合计中不仅要考虑本季度销售收入的 60%，还要考虑收回上季度的现金收入。

【业务经验】

准确编制销售预算的技巧

（1）选择时间段。首先，必须选择预算期间。此期间通常是每月、每季度或每年。任何更短或更长的内容都是无用的或不准确的。公司的销售和需求将决定选择的时间范围。如果产品全年都保持一致，那么每月预算可能是最佳选择。如果产品随季节变化，季度预算可能更合适。

（2）记录库存和价格。要预测未来的销售情况，必须首先知道产品的价格是多少、有哪些产品可用，以及它们是否会发生变化。公司产品会保持价格不变吗？会推出新产品还是停产现有产品？因此，落实这些问题将有助于更准确地预测预期销售额。

（3）查看过去的销售数据。检查与当前销售预算期相对应的上一期数据。这不仅简化了预测，而且提高了预测的准确性。

（4）将信息与当前行业进行比较。将公司目标与当前市场和竞争相匹配至关重要。

通过将销售数据与其他类似公司的销售数据进行比较，可以了解销售目标预设在多少更适合以及可能需要调整的地方。

【工作任务实施记录与评价】

1. 确定预计销售量和销售价格

师傅指导记录	确定预计销售量和销售价格质量评价	评价成绩
		年　月　日

2. 计算预计销售收入

师傅指导记录	计算预计销售收入准确性评价	评价成绩
		年　月　日

3. 计算预计现金收入

师傅指导记录	计算预计现金收入准确性评价	评价成绩
		年　月　日

4. 学徒关键职业能力及职业品质、工匠精神评价

项目	A	B	C	D
工作态度				
吃苦耐劳				
团队协作				
沟通交流				
学习钻研				
认真负责				
诚实守信				

5. 学徒工作任务记录（完成后附在此处）

任务二　生产预算的编制

【任务目标与质量要求】

在师傅的指导和带领下，熟知生产预算的编制方法，能够准确编制生产预算表。

【学习产出目标】

能够熟练计算并按品种正确编制生产预算表。

【工作程序与方法要求】

● 确定预计销售量	结合生产资料，确定预计销售量	要求：正确确定预计销售量
● 计算预计期末产成品存货	结合当期的销售量以及期末存货要求，计算得出期末产成品存货量	要求：正确计算期末产成品存货量
● 计算预计期初产成品存货	结合当期的销售量与期初存货量、期末存货量，计算预计期初产成品存货量	要求：正确计算预计期初产成品存货量
● 计算预计生产量	结合当期的销售量与期初、期末库存量，确定当期的生产量，并编制生产预算表	要求：正确计算预计生产量

【业务知识】

1. 生产预算的概念

生产预算是以销售预算为基础，为满足预算期的销售量以及期末存货所需的资源，规划预算期预计生产量水平而编制的一种业务预算。该预算是所有业务预算中唯一只使用实物量计量单位的预算，它可作为编制直接材料预算和产品成本预算的依据。

2. 生产预算包含的内容

（1）预计销售量。来自销售预算。

（2）期初产成品存货量。预计期初存货量等于上季末存货量。

（3）期末产成品存货量。预计期末存货量可根据长期销售趋势来确定，一般是按事先估计的期末存货量占本期销售量的比例进行估算。

（4）预计产量。预计生产量＝预计销售量＋预计期末产成品存货－预计期初产成品存货。

3. 生产预算的特点

生产预算是直接材料预算和产品成本预算的依据；只涉及实物量指标，不涉及价值量指标；不直接为现金预算提供资料。

【工作任务】

某公司预计销量如表 3-2-5 所示，年初产成品存货有 10 件，年末产成品存货预计有 20 件，各季度末产成品存货量按照下季销量的 10％安排。

表 3-2-5　预计销量　　件

季度	一	二	三	四	全年
预计销售量	100	150	200	180	630

要求：为公司编制生产预算。

步骤 1： 确定预计销售量（表 3-2-6）。

表 3-2-6　生产预算（一）　　件

季度	一	二	三	四	全年
预计销售量	*100*	*150*	*200*	*180*	*630*
加：预计期末产成品存货					20
合计					
减：预计期初产成品存货	10				
预计生产量					

编制说明：根据表 3-2-5 中信息可以看出四个季度的预计销售量。

步骤 2： 计算预计期末产成品存货（表 3-2-7）。

表 3-2-7　生产预算（二）　　件

季度	一	二	三	四	全年
预计销售量	100	150	200	180	630
加：预计期末产成品存货	*15*	*20*	*18*	*20*	*20*
合计					
减：预计期初产成品存货	10				
预计生产量					

编制说明：

第一季度预计期末产成品存货＝150×10％＝15（件）；

第二季度预计期末产成品存货＝200×10％＝20（件）；

第三、四季度同理。

步骤 3：计算预计期初产成品存货（表 3-2-8）。

表 3-2-8　生产预算（三）　　件

季度	一	二	三	四	全年
预计销售量	100	150	200	180	630
加：预计期末产成品存货	15	20	18	20	20
合计					
减：预计期初产成品存货	*10*	*15*	*20*	*18*	*10*
预计生产量					

编制说明：以第二季度为例，第二季度期初产成品存货就是第一季度期末产成品存货。同理，可以得到第三、四季度期初产成品存货。

步骤 4：计算预计生产量（表 3-2-9）。

表 3-2-9　生产预算（四）　　件

季度	一	二	三	四	全年
预计销售量	100	150	200	180	630
加：预计期末产成品存货	15	20	18	20	20
合计	115	170	218	200	650
减：预计期初产成品存货	10	15	20	18	10
预计生产量	*105*	*155*	*198*	*182*	*640*

编制说明：

预计生产量＝预计销售量＋预计期末产成品存货－预计期初产成品存货。

【业务经验】

正确编制生产预算的技巧

正确理解生产量、销售量和需要量的关系，有助于正确、快速地编制生产预算。生产量不完全等于销售量，它必须考虑产成品存货水平、生产率、加班时间以及季节性生产类型的影响。预计产成品的需要量是预计销售量与期末存货之和。

【工作任务实施记录与评价】

1. 确定预计销售量

师傅指导记录	确定预计销售量准确性评价	评价成绩
		年 月 日

2. 计算预计期末产成品存货

师傅指导记录	计算预计期末产成品存货准确性评价	评价成绩
		年 月 日

3. 计算预计期初产成品存货

师傅指导记录	计算预计期初产成品存货准确性评价	评价成绩
		年 月 日

4. 计算预计生产量

师傅指导记录	计算预计生产量准确性评价	评价成绩
		年 月 日

5. 学徒关键职业能力及职业品质、工匠精神评价

项目	A	B	C	D
工作态度				
吃苦耐劳				
团队协作				
沟通交流				
学习钻研				
认真负责				
诚实守信				

6. 学徒工作任务记录（完成后附在此处）

任务三　直接材料、直接人工、制造费用预算的编制

【任务目标与质量要求】

在师傅的指导和带领下，掌握直接材料、直接人工及制造费用预算编制方法，准确编制预算表。

【学习产出目标】

能够熟练计算并编制直接材料、直接人工和制造费用预算表。

【工作程序与方法要求】

- 确定当期原材料的采购量
  - 依据生产预算并结合企业的生产用料、期初库存、期末库存，确定当期的原材料的采购量，预计并编制原材料现金支出预算
  - 要求：正确编制直接材料预算表
- 以生产量为基础
  - 依据生产预算编制并预计直接人工预算支出
  - 要求：正确编制直接人工预算表
- 采用成本变动法
  - 依据成本性态编制制造费用预算表
  - 要求：正确编制制造费用预算表

【业务知识】

1. 直接材料预算编制

直接材料预算是规划预算期直接材料采购金额的一种业务预算。直接材料预算是以生产预算为基础编制的，同时要考虑材料存货水平。

直接材料采购预算的内容包括材料消耗定额、期初及期末材料存货水平、材料预计单价等。其计算公式如下：

预计生产需用量＝预计生产量×单位产品材料用量

式中，预计生产量来自生产预算；单位产品材料用量来自标准成本资料或材料消耗定额资料。

预计材料采购量＝预计生产需用量＋预计期末存量－预计期初存量

式中，年初和年末的材料存货量根据当前情况和长期销售预测估计。

预算年度内各期期末存量＝下期预计生产需用量×一定百分比

预算年度内各期期初存量＝上期期末存量＝本期生产需用量×一定百分比

预计材料采购额＝预计材料采购量×预计材料单价

2. 直接人工预算编制

直接人工预算是一种既反映预算期人工工时消耗水平，又规划人工成本开支的业务预算。编制基础同样是生产预算。

主要内容如下：

人工总工时＝预计产量×单位产品人工工时

式中，预计产量来自生产预算；单位产品人工工时来自标准成本资料。

预计人工总成本＝人工总工时×每小时人工成本

式中，每小时人工成本（工资率）来自标准成本资料。

3. 制造费用预算编制

制造费用预算是指列入产品成本的各种间接费用的预算，通常分为变动制造费用预算和固定制造费用预算两部分。

变动制造费用预算以生产预算为编制基础，固定制造费用需要逐项进行预计，通常与产量无关，按季度实际需要的支付额预计，然后求出全年总数。

变动制造费用＝预计产量×单位产品标准成本

【工作任务】

【业务 1】直接材料预算编制

某公司 2020 年预计的生产量四个季度分别是 105、155、198 和 182 件。单位产品预算的材料用量 10 千克/件，材料预算单价 5 元/千克，上年年末材料存量 300 千克，预计本年的年末存量 400 千克，各季末材料存量按照下季生产需用量的 20%安排，上年年末的应付账款 2 350 元，企业材料采购的货款有 50%在本季度内付清，另外 50%在下季度付清。

要求：编制某公司 2020 年直接材料预算。

步骤 1： 确定预计期末存量（表 3-2-10）。

表 3-2-10　直接材料预算（一）

季度	一	二	三	四	全年
预计生产量/件	105	155	198	182	640
单位产品材料用量/（千克/件）	10	10	10	10	10
生产需用量/千克	1 050	1 550	1 980	1 820	6 400
加：预计期末存量/千克	*310*	*396*	*364*	*400*	*400*
减：预计期初存量/千克	300				300
预计材料采购量/千克	1 060	1 636	1 948	1 856	6 500
单价/（元/千克）	5	5	5	5	5
预计采购金额/元	5 300	8 180	9 740	9 280	32 500
预计现金支出					
上年应付账款/元	2 350				2 350
第一季度（采购 5 300 元）	2 650	2 650			5 300
第二季度（采购 8 180 元）		4 090	4 090		8 180
第三季度（采购 9 740 元）			4 870	4 870	9 740
第四季度（采购 9 280 元）				4 640	9 280
合计/元	5 000				30 210

编制说明：

第一季度期末存量为第二季度生产需要量的 20%，即 1 550×20%＝310（千克）

第二、三季度同理。

步骤 2： 计算预计期初存量（表 3-2-11）。

表 3-2-11　直接材料预算（二）

季度	一	二	三	四	全年
预计生产量/件	105	155	198	182	640
单位产品材料用量（千克/件）	10	10	10	10	10
生产需用量/千克	1 050	1 550	1 980	1 820	6 400
加：预计期末存量/千克	310	396	364	400	400
减：预计期初存量/千克	300	*310*	*396*	*364*	300
预计材料采购量/千克	1 060	1 636	1 948	1 856	6 500
单价/（元/千克）	5	5	5	5	5
预计采购金额/元	5 300	8 180	9 740	9 280	32 500
预计现金支出					
上年应付账款/元	2 350				2 350
第一季度（采购 5 300 元）	2 650	2 650			5 300
第二季度（采购 8 180 元）		4 090	4 090		8 180
第三季度（采购 9 740 元）			4 870	4 870	9 740
第四季度（采购 9 280 元）				4 640	9 280
合计/元	5 000				30 210

编制说明：第一季度预计期初存量等于上季度期末存量。

步骤 3：计算预计材料采购量（表 3-2-12。）

表 3-2-12　直接材料预算（三）

季度	一	二	三	四	全年
预计生产量/件	105	155	198	182	640
单位产品材料用量/（千克/件）	10	10	10	10	10
生产需用量/千克	1 050	1 550	1 980	1 820	6 400
加：预计期末存量/千克	310	396	364	400	400
减：预计期初存量/千克	300	310	396	364	300
预计材料采购量/千克	*1 060*	*1 636*	*1 948*	*1 856*	*6 500*
单价/（元/千克）	5	5	5	5	5
预计采购金额/元	5 300	8 180	9 740	9 280	32 500
预计现金支出					
上年应付账款/元	2 350				2 350
第一季度（采购 5 300 元）	2 650	2 650			5 300
第二季度（采购 8 180 元）		4 090	4 090		8 180
第三季度（采购 9 740 元）			4 870	4 870	9 740
第四季度（采购 9 280 元）				4 640	9 280
合计/元	5 000				30 210

编制说明：

第一季度材料采购量＝1 050＋310－300＝1 060（件）；

同理，可以得到第二、三、四季度预计材料采购量。

步骤4：计算预计现金支出（表3-2-13）。

表3-2-13　直接材料预算（四）

季度	一	二	三	四	全年
预计生产量/件	105	155	198	182	640
单位产品材料用量/（千克/件）	10	10	10	10	10
生产需用量/千克	1 050	1 550	1 980	1 820	6 400
加：预计期末存量/千克	310	396	364	400	400
减：预计期初存量/千克	300	310	396	364	300
预计材料采购量/千克	1 060	1 636	1 948	1 856	6 500
单价/（元/千克）	5	5	5	5	5
预计采购金额/元	5 300	8 180	9 740	9 280	32 500
预计现金支出					
上年应付账款/元	2 350				2 350
第一季度（采购5 300元）	2 650	2 650			5 300
第二季度（采购8 180元）		4 090	4 090		8 180
第三季度（采购9 740元）			4 870	4 870	9 740
第四季度（采购9 280元）				4 640	9 280
合计/元	5 000	*6 740*	*8 960*	*9 510*	30 210

编制说明：

第二季度实际现金支出＝8 180×50%＋5 300×50%＝6 740（元）

【业务2】直接人工预算的编制

某公司预计各季度生产量105件、155件、198件、182件，单位产品预算工时10小时/件，每小时人工成本2元。

要求：编制直接人工预算。

步骤1：计算人工总工时（表3-2-14）。

表3-2-14　直接人工预算（一）

季度	一	二	三	四	全年
预计产量/件	105	155	198	182	640
单位产品工时/（小时/件）	10	10	10	10	10
人工总工时/小时	*1 050*	*1 550*	*1 980*	*1 820*	*6 400*
单位人工成本/（元/小时）	2	2	2	2	2
人工总成本/元	2 100	3 100	3 960	3 640	12 800

编制说明：

第一季度人工总工时＝105×10＝1 050（小时）

第二、三、四季度同理。

步骤 2：计算人工总成本（表 3-2-15）。

表 3-2-15　直接人工预算（二）

季度	一	二	三	四	全年
预计产量/件	105	155	198	182	640
单位产品工时/（小时/件）	10	10	10	10	10
人工总工时/小时	1 050	1 550	1 980	1 820	6 400
单位人工成本/（元/小时）	2	2	2	2	2
人工总成本/元	*2 100*	*3 100*	*3 960*	*3 640*	*12 800*

编制说明：

第一季度人工总成本＝1 050×2＝2 100（元）

第二、三、四季度同理。

【业务 3】制造费用预算的编制

某公司 2021 年度编制制造费用预算时，变动性制造费用预算数按预计直接人工工时和预计变动制造费用分配率计算。变动制造费用标准分配率分别为：材料费 1 元/小时、人工费 1 元/小时、修理费 0.5 元/小时、水电费 1 元/小时、其他费用 0.5 元/小时。固定性制造费用与产量无关，含折旧费 8 000 元，每季度 2 000 元。以现金支付的各项制造费用均于当季付款。

步骤 1：计算制造费用（表 3-2-16）。

表 3-2-16　制造费用预算（一）　　元

项目	第一季度	第二季度	第三季度	第四季度	全年
变动性制造费用					
间接材料	1 600	2 040	2 360	2 040	8 040
间接人工	1 600	2 040	2 360	2 040	8 040
水电费	1 600	2 040	2 360	2 040	8 040
修理费	800	1 020	1 180	1 020	4 020
其他	800	1 020	1 180	1 020	4 020
小计	*6 400*	*8 160*	*9 440*	*8 160*	32 160
固定性制造费用					
管理人员工资	2 275	2 275	2 275	2 275	9 100
折旧费	3 200	3 200	3 200	3 200	12 800
办公费	1 625	1 625	1 625	1 625	6 500

续表 3-2-16

项目	第一季度	第二季度	第三季度	第四季度	全年
保险费	800	800	800	800	3 200
租赁费	750	750	750	750	3 000
小计	8 650	8 650	8 650	8 650	34 600
制造费用合计	*15 050*	*16 810*	*18 090*	*16 810*	66 760
减：折旧费					
现金支出合计					

步骤 2：计算现金支出（表 3-2-17）。

表 3-2-17 制造费用预算（二） 元

项目	第一季度	第二季度	第三季度	第四季度	全年
变动性制造费用					
间接材料	1 600	2 040	2 360	2 040	8 040
间接人工	1 600	2 040	2 360	2 040	8 040
水电费	1 600	2 040	2 360	2 040	8 040
修理费	800	1 020	1 180	1 020	4 020
其他	800	1 020	1 180	1 020	4 020
小计	*6 400*	*8 160*	*9 440*	*8 160*	32 160
固定性制造费用					
管理人员工资	2 275	2 275	2 275	2 275	9 100
折旧费	3 200	3 200	3 200	3 200	12 800
办公费	1 625	1 625	1 625	1 625	6 500
保险费	800	800	800	800	3 200
租赁费	750	750	750	750	3 000
小计	8 650	8 650	8 650	8 650	34 600
制造费用合计	*15 050*	*16 810*	*18 090*	*16 810*	66 760
减：折旧费	3 200	3 200	3 200	3 200	12 800
现金支出合计	*11 850*	*13 610*	*14 890*	*13 610*	53 960

编制说明：折旧费在计算现金支出时应予以扣除。

【业务经验】

1. 直接材料预算与现金预算的关系

由于材料采购与货款支付往往不同步，使得预算期的材料采购成本不等于现金支出。因此，材料采购预算通常还要编制各季度的现金支出预算，以便为编制现金预算提供依据。

2. 正确计算制造费用预计现金支出情况的技巧

编制制造费用现金支出预算，为编制现金预算提供资料。一般情况下，制造费用中，除折旧费用外都需要支付现金。所以，根据每个季度制造费用数额扣除折旧费用后，即可得出“制造费用现金支出预算”。

计算公式为：

制造费用预计现金支出＝制造费用预算总额－折旧等非付现费用

变动制造费用可按一定的业务量（即单位产品或单位工时）进行分配，计入各种产品成本；固定制造费用作为期间成本直接列入损益表，作为当期产品销售收入的一个扣减项目，不再分配计入产品成本。

【工作任务实施记录与评价】

1. 直接材料预算编制

师傅指导记录	直接材料预算编制准确性评价	评价成绩
		年　月　日

2. 直接人工预算编制

师傅指导记录	直接人工预算编制准确性评价	评价成绩
		年　月　日

3. 制造费用预算编制

师傅指导记录	制造费用预算编制准确性评价	评价成绩
		年　月　日

4. 学徒关键职业能力及职业品质、工匠精神评价

项目	A	B	C	D
工作态度				
吃苦耐劳				
团队协作				
沟通交流				
学习钻研				
认真负责				
诚实守信				

5. 学徒工作任务记录（完成后附在此处）

任务四　产品成本预算的编制

【任务目标与质量要求】

在师傅的指导和带领下，掌握产品成本预算的编制方法，准确编制产品成本预算。

【学习产出目标】

能够熟练计算并正确编制产品成本预算。

【工作程序与方法要求】

● 确定预计产品生产成本	根据直接材料采购、直接人工和制造费用等预算，计算预计单位产品成本，再根据生产数量计算出预计产品生产总成本 预计单位产品成本＝单位产品直接材料成本＋单位产品直接人工成本＋单位产品变动制造费用＋单位产品固定制造费用	要求：正确计算产品生产成本
● 确定预计产品销售成本	根据直接材料采购、直接人工和制造费用等预算结果，结合销售情况，计算销售成本 预计产品销售成本＝本期预计产品生产成本＋产成品期初余额－产成品期末余额	要求：正确计算产品销售成本

【业务知识】

1. 产品成本预算的概念

产品成本预算是指为规划一定预算期内每种产品的单位产品成本、生产成本、销售成本等内容而编制的一种业务预算。其依据销售预算、生产预算、直接材料预算、直接人工预算和制造费用预算等预算编制。

2. 产品成本预算内容及计算方法

在变动成本法下，如果产品存货采用先进先出法计价，则产品成本预算的有关计算公式如下：

单位产品直接材料预算成本＝单位产品直接材料预算耗用量×计划单价

单位产品直接人工预算成本＝单位产品工时标准×预算工资率

单位产品变动制造费用预算成本＝单位产品工时标准×预算变动制造费用分配率

预计单位产品成本＝单位产品直接材料预算成本＋单位产品直接人工预算成本＋单位产品变动制造费用＋单位产品固定制造费用

生产（销货、存货）总成本＝生产（销货、存货）数量×单位成本

预计产品生产成本＝预计发生产品生产成本＋在产品成本期初余额－在产品成本期末余额

预计产品销售成本＝本期预计产品生产成本＋产成品期初余额－产成品期末余额

3. 产品成本预算的作用

编制产品生产成本预算，一方面可以据此计算预计销售成本，为编制利润表提供资料；另一方面可以据此计算期末存货成本，为编制资产负债表提供资料。

【工作任务】

某公司 2022 年的年初销售预算、生产预算、直接材料预算、直接人工预算和制造费用预算分别见表 3-2-18 至表 3-2-22。假定甲产品年初单位成本为 40 元，产成品按先进先出法计价。

要求：根据上述资料编制 2022 年度产品成本预算。

表 3-2-18　某公司 2022 年度销售预算

季度	第一季度	第二季度	第三季度	第四季度	全年
销售单价/（元/件）	60	60	60	70	62.50
预计销售量/件	800	1 000	1 200	1 000	4 000
预计销售收入/元	48 000	60 000	72 000	70 000	250 000
增值税销项税额/元	7 680	9 600	11 520	11 200	40 000
含税销售收入/元	55 680	69 600	83 520	81 200	290 000
期初应收账款/元	15 000				15 000
第一季度经营现金收入/元	33 408	22 272			55 680
第二季度经营现金收入/元		41 760	27 840		69 600
第三季度经营现金收入/元			50 112	33 408	83 520
第四季度经营现金收入/元				48 720	48 720
经营现金收入合计/元	48 408	64 032	77 952	82 128	272 520

表 3-2-19　某公司 2022 年度生产预算　　件

季度	第一季度	第二季度	第三季度	第四季度	全年
预计销售量（销售预算）	800	1 000	1 200	1 000	4 000
加：预计期末存货量	100	120	100	120	120
减：期初存货量	100	100	120	100	100
预计生产量	800	1 020	1 180	1 020	*4 020*

表 3-2-20　某公司 2022 年度直接材料预算

季度	第一季度	第二季度	第三季度	第四季度	全年
预计生产量/件	800	1 020	1 180	1 020	4 020
单位产品材料用量/（千克/件）	4	4	4	4	4
生产需用量/千克	3 200	4 080	4 720	4 080	16 080
加：预计期末材料库存量/千克	816	944	816	150	150
减：预计期初材料库存量/千克	120	816	944	816	120
预计采购量	3 896	4 208	4 592	3 414	16 110
材料采购单价/（元/千克）	5	5	5	5	5
预计采购成本/元	19 480	21 040	22 960	17 070	80 550
增值税进项税额/元	2 532.4	2 735.2	2 984.8	2 219.1	10 471.5
预计采购金额合计/元	22 012.4	23 775.2	25 944.8	19 289.1	91 021.5
期初应付账款/元	5 000				5 000
第一季度采购现金支出/元	13 207.44	8 804.96			22 012.4
第二季度采购现金支出/元		14 265.12	9 510.08		23 775.2
第三季度采购现金支出/元			15 566.88	10 377.92	25 944.8
第四季度采购现金支出/元				11 573.46	11 573.46
现金支出合计/元	18 207.44	23 070.08	25 076.96	21 951.38	88 305.86

表 3-2-21　某公司 2022 年度直接人工预算

季度	第一季度	第二季度	第三季度	第四季度	全年
预计生产量/件	800	1 020	1 180	1 020	4 020
单位产品工时/（小时/件）	2	2	2	2	2
人工总工时/小时	1 600	2 040	2 360	2 040	8 040
单位工时工资率/（元/小时）	4	4	4	4	4
人工总成本/元	6 400	8 160	9 440	8 160	32 160

表 3-2-22　某公司 2022 年度制造费用预算　元

项目	第一季度	第二季度	第三季度	第四季度	全年
变动性制造费用					
间接材料	1 600	2 040	2 360	2 040	8 040
间接人工	1 600	2 040	2 360	2 040	8 040
水电费	1 600	2 040	2 360	2 040	8 040
修理费	800	1 020	1 180	1 020	4 020
其他	800	1 020	1 180	1 020	4 020
小计	6 400	8 160	9 440	8 160	*32 160*
固定性制造费用					
管理人员工资	2 275	2 275	2 275	2 275	9 100
折旧费	3 200	3 200	3 200	3 200	12 800
办公费	1 625	1 625	1 625	1 625	6 500
保险费	800	800	800	800	3 200
租赁费	750	750	750	750	3 000
小计	8 650	8 650	8 650	8 650	34 600
制造费用合计	15 050	16 810	18 090	16 810	66 760
减：折旧费	3 200	3 200	3 200	3 200	12 800
现金支出合计	11 850	13 610	14 890	13 610	*53 960*

根据上述数据，产品成本预算如表 3-2-23 所示。

表 3-2-23　产品成本预算　元

成本项目	单价	单位用量	单位成本	总成本
直接材料	5	4	20	80 400
直接人工	4	2	8	32 160
变动性制造费用	4	2	8	32 160
合计			*36*	*144 720*
加：在产品及自制半成品的期初余额			0	0
减：在产品及自制半成品的期末余额			0	0
预计产品生产成本			36	144 720
产成品存货		数量	单位成本	总成本
加：产成品期初余额		100	40	4 000
减：产成品期末余额		120	36	4 320
预计产品销售成本		*4 000*	*36.10*	*144 400*

编制说明：

单位产品直接材料预算成本＝单位产品直接材料预算耗用量×计划单价

单位产品直接人工预算成本＝单位产品工时标准×预算工资率

单位产品变动制造费用预算成本＝单位产品工时标准×预算变动制造费用分配率

生产（销货、存货）总成本＝生产（销货、存货）数量×单位成本

＝4 020×36＝144 720（元）

预计产品生产成本＝预计发生产品生产成本＋在产品成本期初余额－在产品成本期末余额

预计产品销售成本＝本期预计产品生产成本＋产成品期初余额－产成品期末余额

＝144 720＋4 000－4 320＝144 400（元）

【业务经验】

产品成本预算编制技巧

企业产品成本预算是生产预算、直接材料预算、直接人工预算和制造费用预算的汇总，也就是说，企业如果已经完成了销售、生产、直接材料、直接人工和制造费用预算，会计只需将相关数据列在产品成本预算表上，便基本完成了产品成本预算的编制。

【工作任务实施记录与评价】

1. 计算单位产品直接材料预算成本

师傅指导记录	计算单位产品直接材料预算成本准确性评价	评价成绩
		年　月　日

2. 单位产品直接人工预算成本

师傅指导记录	单位产品直接人工预算成本准确性评价	评价成绩
		年　月　日

3. 计算单位产品变动制造费用预算成本

师傅指导记录	计算单位产品变动制造费用 预算成本准确性评价	评价成绩
		  年　月　日

4. 计算预计产品销售成本

师傅指导记录	计算预计产品销售成本准确性评价	评价成绩
		  年　月　日

5. 学徒关键职业能力及职业品质、工匠精神评价

项目	A	B	C	D
工作态度				
吃苦耐劳				
团队协作				
沟通交流				
学习钻研				
认真负责				
诚实守信				

6. 学徒工作任务记录（完成后附在此处）

任务五　现金预算的编制

【任务目标与质量要求】

在师傅的指导和带领下，掌握现金预算的编制方法，准确编制现金预算表。

【学习产出目标】

能够熟练计算并正确编制现金预算表。

【工作程序与方法要求】

步骤	内容	要求
● 计算可供使用现金	在前期业务预算的基础上，根据现金收入和年末现金余额，计算可供使用现金。 可供使用现金＝期初现金余额＋预计现金收入	要求：正确计算可供使用现金
● 计算现金余缺	结合可供使用现金和现金支出，计算出现金余缺。 现金余缺＝可供使用现金－现金支出	要求：正确计算现金余缺
● 计算筹资额	根据现金余缺，并结合企业实际情况进行资金的筹措或投资计划，编制现金预算表。 期末现金余额＝现金余缺＋现金筹措－现金运用	要求：正确分析筹资额，编制现金预算表

【业务知识】

1. 现金预算的概念

现金预算又称现金收支预算，是以日常业务预算和专门决策预算为基础编制的反映预算期内企业现金收支情况的预算。其编制依据是业务预算、专门决策预算，不涉及生产预算和产品成本预算。

2. 现金预算的内容

（1）期初现金余额。该指标等于上期期末现金余额。

（2）本期现金收入。本期现金收入等于预算期内预计发生的经营现金收入和非经营现金收入之和。

（3）可供使用现金。该指标等于期初现金余额和本期现金收入之和，用公式表示为：

可供使用现金＝期初现金余额＋预计现金收入

其中，预计现金收入是指经营现金收入，主要来源为销售取得的现金收入。

（4）现金支出。本期现金支出等于预算期内预计发生的经营现金支出和资本性现金支出之和，可用公式表示为：

现金支出＝业务预算现金支出＋专门决策预算现金支出

现金收入与现金支出均不包括与借款有关的现金流量，借款现金流入、还本付息支出应反映在“现金筹措与运用”项目中。

（5）现金余缺。

现金余缺＝可供使用现金－现金支出

①现金余缺＜理想的期末现金余额，表明现金不足，需要筹措现金；

②现金余缺＞理想的期末现金余额，表明现金多余，需要运用现金。

（6）现金的筹集与运用。

期末现金余额＝现金余缺＋现金筹措－现金运用

①预算期内资金不足时，可通过银行借款、发放短期商业票据、收回投资等方式引起现金流入；

②预算期资金多余时，可通过归还借款本金、支付债务利息、进行短期投资等方式引起现金支出。

现金预算一般由财务部门负责编制。

【工作任务】

M公司情况如下：2020年年末现金余额8 000元，2021年理想的现金余额为3 000元，2020年年末的长期借款余额120 000元，短期借款余额为0元，企业短期借款年利率为10%，长期借款年利率为12%，如果资金不足，可以取得短期借款，银行要求借款额必须是1 000元的整数倍，借款利息按季支付，做预算时假设新增借款发生在季度的期初，归还借款发生在季度的期末，归还借款是100元的整数倍。

要求：编制现金预算。

步骤1：计算可供使用现金（表3-2-24）。

表3-2-24　现金预算（一）　　元

季度	一	二	三	四	全年
期初现金余额	8 000				
加：现金收入（销售预算）	*18 200*	*26 000*	*36 000*	*37 600*	*117 800*
可供使用现金	*26 200*				
减：现金支出					
直接人工（直接人工预算）	7 100	3 100	3 960	3 640	12 800
制造费用（制造费用预算）	1 900	2 300	2 300	2 300	8 800
销售及管理费用（销售及管理费用预算）	5 000	5 000	5 000	5 000	20 000
所得税费用（预计数）	4 000	4 000	4 000	4 000	16 000
购买设备（专门决策预算）	50 000			80 000	130 000
股利					

续表 3-2-24

季度	一	二	三	四	全年
现金支出合计					
现金余缺					
现金筹措和运用					
借入长期借款（专门决策预算）	30 000			60 000	90 000
取得短期借款					
归还短期借款					
短期借款利息（年利 10%）					
长期借款利息（年利 12%）	4 500	4 500	4 500	6 300	
期末现金余额					

编制说明：

现金收入来自销售预算。

第一季度的可供使用现金＝上年末现金余额＋本季度现金收入

步骤 2：计算现金余缺（表 3-2-25）。

表 3-2-25　现金预算（二）

元

季度	一	二	三	四	全年
期初现金余额	8 000				
加：现金收入（销售预算）	18 200	26 000	36 000	37 600	117 800
可供使用现金	26 200				
减：现金支出					
直接人工（直接人工预算）	7 100	3 100	3 960	3 640	12 800
制造费用（制造费用预算）	1 900	2 300	2 300	2 300	8 800
销售及管理费用（销售及管理费用预算）	5 000	5 000	5 000	5 000	20 000
所得税费用（预计数）	4 000	4 000	4 000	4 000	16 000
购买设备（专门决策预算）	50 000			80 000	130 000
股利					
现金支出合计	*68 000*				
现金余缺	*－41 800*				
现金筹措和运用					
借入长期借款（专门决策预算）	30 000			60 000	90 000
取得短期借款					
归还短期借款					
短期借款利息（年利 10%）					
长期借款利息（年利 12%）	4 500	4 500	4 500	6 300	
期末现金余额					

编制说明：

第一季度合计现金支出＝5 000＋7 100＋1 900＋5 000＋4 000＋50 000
＝68 000（元）

现金余缺＝可供使用现金－现金支出＝26 200－68 000＝－41 800（元）

步骤3：计算筹资额

第一季度现金余额－41 800元加上借入的长期借款30 000元减去利息支出4 500元等于－16 300元，没有达到理想的要求，因此需要借入短期借款。

假设第一季度需要取得的短期借款为W元，借款年利息率为10%。

公式：

现金余缺＋现金筹措－现金运用＝期末现金余额

$$(-41\ 800+30\ 000+W)-W\times 10\%\div 4-4\ 500=3\ 000\text{（元）}$$

可知$W=19\ 794.88$（元）。

【业务经验】

1. 现金余缺的判断

现金收入总额与现金支出总额相抵后，若收入大于支出，即为现金剩余，可用来归还以前的借款；若收入小于支出，则为现金不足，说明应向银行借款。

2. 资金的筹集与运用策略

资金的筹集与运用是为了保持预算期内有合理的现金余额，如出现资金不足，应筹集资金，如向银行借款、出售有价证券、发行股票和债券等，如果出现现金余额过高的情况时，应归还借款、购入有价证券、收回本公司股票和债券等。

【工作任务实施记录与评价】

1. 计算可供使用现金

师傅指导记录	计算可供使用现金准确性评价	评价成绩
		年　月　日

2. 计算现金支出

师傅指导记录	计算现金支出准确性评价	评价成绩
		 年　月　日

3. 计算现金余缺

师傅指导记录	计算现金余缺准确性评价	评价成绩
		 年　月　日

4. 学徒关键职业能力及职业品质、工匠精神评价

项目	A	B	C	D
工作态度				
吃苦耐劳				
团队协作				
沟通交流				
学习钻研				
认真负责				
诚实守信				

5. 学徒工作任务记录（完成后附在此处）

项目三 成本管理

在师傅的指导和带领下，掌握成本管理领域应用的管理会计工具和方法，主要包括变动成本法、作业成本法、目标成本法、标准成本法等。企业应当结合自身的成本管理目标和实际情况，选择应用适合的成本管理工具和方法，以便更好地实现成本管理目标。

【项目目标与质量要求】

掌握常规成本管理方法，对于变动成本法、作业成本法、目标成本法和标准成本法灵活运用。作业成本法内容相对复杂，学习时要有不怕困难，迎难而上的精神，克服畏难情绪。通过对成本的分析和计算，培养节约成本、降本增效、提升企业价值的意识。

【学习产出目标】

1. 能够正确进行成本性态分析，将成本分解成固定成本和变动成本；
2. 能够熟练运用变动成本法和完全成本法对成本进行分析；
3. 能够熟练应用作业成本法进行成本核算；
4. 能够正确进行标准成本制定并进行成本差异分析；
5. 能够熟练运用目标成本法进行成本管理。

任务一　成本性态分析

在师傅的带领下，正确完成成本性态分析，并会选择合适的方法将混合成本分解成变动成本和固定成本。

【任务目标与质量要求】

熟知变动成本与固定成本的含义；能够用高低点法进行成本分解，并进行成本预测。

【学习产出目标】

1. 能够正确区分变动成本、固定成本与混合成本；
2. 能够结合企业历史生产资料，运用高低点法进行成本分解，并对成本做出预测。

【工作程序与方法要求】

● 划分变动成本与固定成本	根据企业的成本构成区分出哪些成本是变动成本，哪些成本是固定成本	要求：正确划分变动成本与固定成本
● 计算变动成本和固定成本	根据企业的业务量与成本历史数据资料，运用高低点法计算出变动成本和固定成本，并对未来业务量的成本进行预测	要求：正确计算变动成本和固定成本

【业务知识】

1. 成本性态的概念

成本性态也称为成本习性，是指业务量与成本之间的依存关系。这里的业务量可以是生产量或销售量，也可以是直接人工工时或机器工时。

在管理会计中按照成本的性态可以将成本分为三类，即固定成本、变动成本和混合成本。

固定成本是指总额在一定期间和一定业务量范围内，不受业务量变动的影响而保持固定不变的成本。例如，办公费、房屋设备租金、管理人员的工资、折旧费等。

固定成本又可以分为酌量性固定成本和约束性固定成本。

酌量性固定成本是指管理者的决策可以改变其支出数额的固定成本，如广告费。约束性固定成本是不能够被改变的约束性很强的管理者的决策无法改变其支出数额的固定成本，如厂房的折旧。

变动成本是指在一定期间和一定业务量范围内，其总额随着业务量的变动成正比例变动的成本，如原材料、燃料和动力等。

混合成本是指随业务量的变动而变动，但又不成正比的那部分成本。混合成本的特点是，区别于固定成本和变动成本，成本随业务量的变动而变动但又不成正比。

根据混合成本中所包含的固定成本和变动成本的特性，混合成本函数模型可用如下公式表示：

$$y = a + bx$$

式中，y 为混合成本；a 为固定成本总额；b 为单位变动成本；x 为业务量。

2. 变动成本和固定成本的特点

变动成本有两个特点：在一定时期和一定业务量范围内，变动成本总额随业务量总数的增减成正比例变动；单位变动成本不随业务量变动。

固定成本有两个特点：在一定时期和一定业务量范围内，固定成本总额不随业务量的增减而变动；从单位业务量看，固定成本受业务量增减变动的影响，单位业务量负担的固定成本随业务量的变动而成反比例变动。

3. 高低点法

高低点法是指通过观察一定相关范围内的各期业务量与相关成本所构成的所有坐标点，从中选出业务量的最高和最低两点坐标，据此来推算固定成本 a 和单位变动成本 b 的一种成本性态分析方法。

高低点法基本流程如下：

（1）先确定高低点。高点指一组历史资料中的最高业务量点及其对应的成本。低点指一组历史资料中的最低业务量点及其对应的成本。

（2）计算单位变动成本和固定成本。

单位变动成本＝（高点成本－低点成本）÷（高点业务量－低点业务量）

固定成本＝［高（低）点成本－高（低）点业务量］×单位变动成本

（3）确定成本性态分析模型。

【工作任务】

维修车间 1～6 月份维修成本和维修时间的历史资料如表 3-3-1 所示，预计 7 月份维修时间为 420 小时。

要求：运用高低点法预测该车间 7 月份的维修成本。

表 3-3-1　维修车间 1～6 月份维修成本和维修时间

月份	维修时间（x）/小时	维修成本（y）/元
1	360	64 000
2	390	68 000
3	320	58 000
4	190	44 000
5	220	47 000
6	270	52 000

步骤1：确定高低点。

根据历史资料，2月份维修成本最高，4月份维修成本最低。

步骤2：计算单位变动成本和固定成本。

将高低点业务量和对应混合成本分别代入成本模型 $y=a+bx$，可以得到下式：

$$a+b\times 390=68\ 000(\text{元})$$

$$a+b\times 190=44\ 000(\text{元})$$

两式相减，$b=$（68 000－44 000）÷（390－190）＝120（元）

将最高点业务量和对应混合成本代入 $y=a+bx$ 可得：

每月固定成本 $a=y-bx=68\ 000-390\times 120=21\ 200$（元）

或将最低点业务量和对应混合成本代入 $y=a+bx$ 可得：

每月固定成本 $a=y-bx=44\ 000-190\times 120=21\ 200$（元）

步骤3：确定成本性态分析模型。

根据上述计算结果，维修成本模型可表达如下：

$$y=21\ 200+120x$$

步骤4：对未来成本进行预测。

7月份维修成本为：21 200＋420×120＝71 600（元）

【业务经验】

变动成本和固定成本的相关范围

固定成本和变动成本所呈现的和业务量的依存关系只在相关范围内适用。也就是说，一定的期间范围和一定的业务量范围内，成本和业务量之间的特定关系保持不变。固定成本表现为在某一特定期间内具有固定性，从长远来看，所有成本都具有变动性，如改变生产规模、设备更新等。固定成本也表现为在某一特定业务量水平内具有固定性。产量一旦超过这一水平以后，势必要扩建厂房、增添设备等。

【工作任务实施记录与评价】

1. 区分变动成本与固定成本

师傅指导记录	区分变动成本与固定成本评价	评价成绩
		年　月　日

2. 高低点法运用

<table>
<tr><th>师傅指导记录</th><th>高低点法运用评价</th><th>评价成绩</th></tr>
<tr><td rowspan="2"></td><td rowspan="2"></td><td></td></tr>
<tr><td>年　月　日</td></tr>
</table>

3. 学徒关键职业能力及职业品质、工匠精神评价

项目	A	B	C	D
工作态度				
吃苦耐劳				
团队协作				
沟通交流				
学习钻研				
认真负责				
诚实守信				

4. 学徒工作任务记录（完成后附在此处）

任务二　变动成本法成本管理

在师傅的指导和带领下，分别用变动成本法和完全成本法进行成本核算，用这两种方法计算营业利润，以便企业分析制定经营决策。

【任务目标与质量要求】

熟知变动成本法和完全成本法的成本构成，会分别运用变动成本法和完全成本法分析企业的营业利润，做出如何接受订单的决策。

【学习产出目标】

1. 能够列出变动成本法和完全成本法利润计算表；
2. 能够独立用变动成本法和完全成本法对企业的成本和利润进行核算。

【工作程序与方法要求】

●确定变动成本法与完全成本法产品成本的构成	根据企业的成本资料，按照变动成本法与完全成本法产品成本的构成，分别计算产品的成本	要求：正确区分变动成本法与完全成本法产品成本的构成
●确定变动成本法与完全成本法的产品期间费用	根据企业的成本资料，按照变动成本法与完全成本法产品成本的构成，分别计算产品的期间费用	要求：正确计算变动成本法与完全成本法产品的期间费用
●计算变动成本法与完全成本法的产品利润	根据企业的成本资料，按照变动成本法与完全成本法产品成本的构成，分别计算产品的利润	要求：正确计算变动成本法与完全成本法的产品利润

【业务知识】

1. 变动成本法的含义

变动成本法是以成本性态分析为前提的，在计算产品的生产成本和存货成本时，只包括产品在生产过程中所消耗的直接材料、直接人工和变动制造费用，即

变动成本法产品成本＝直接材料＋直接人工＋变动制造费用

而将固定生产成本、非生产成本作为期间成本。

通常用于分析各种产品的盈利能力，为正确制定经营决策，科学进行成本计划、成本控制和成本评价与考核等工作提供有用的信息。

(1) 变动成本法的特点。变动成本法具有以下四个特点：

①变动成本法以成本性态分析为基础，能够揭示利润和业务量之间的正常关系。

②在变动成本法下，企业利润由贡献式收益表确定。

即

销售收入－变动成本＝边际贡献

边际贡献－固定成本＝营业利润

③简化成本核算。

④通常用于分析各种产品的盈利能力。

(2) 变动成本法的缺点。变动成本法虽然简化了生产成本的计算，但是它也存在以下缺点：

①计算的单位产品或服务成本不能反映产品生产过程中发生的全部耗费。

②所确定的成本数据不符合通用会计报表的编制要求。因为通用会计报表采用完

全成本法计算产品成本。

③所提供的成本资料较难适应长期决策的需要，只能为短期决策提供选择最优方案的有关资料。因为从长期来看，固定成本不可能不发生变动。因此，长远来看，必须考虑固定成本，而变动成本法却一直不予以考虑。

2. 完全成本法的含义

完全成本法就是在计算产品成本和存货成本时，把一定期间内在生产过程中所消耗的直接材料、直接人工、变动制造费用和固定制造费用的全部成本都归纳到产品成本和存货成本中去，即

完全成本法产品生产成本＝直接材料＋直接人工＋制造费用

按完全成本法计算成本，可以鼓励企业提高产品生产的积极性。因为产量越多，单位产品分摊的固定成本越少，从而单位产品成本随之降低。

同时采用完全成本法也存在如下局限性：

（1）采用完全成本法求出来的单位产品成本不仅不能反映生产部门的真实成果，反而掩盖或夸大了它们的生产实绩。

（2）采用完全成本法，固定制造费用分配手续繁重，分配方法的选择带有较大的主观随意性。

（3）用完全成本法来确定分期的税前净利，其结果往往令人费解，甚至会促使企业全面追求高产量、高产值，盲目生产社会不需要的产品，造成库存积压、财务虚收。

3. 变动成本法与完全成本法的区别

（1）产品成本和期间费用的构成不同（表 3-3-2）。

表 3-3-2　两种方法产品成本和期间费用的构成对比分析

类别	变动成本法	完全成本法
产品成本构成	变动生产成本 直接材料 直接人工 变动制造费用	生产成本 直接材料 直接人工 制造费用
期间成本构成	固定制造费用 管理费用 销售费用 财务费用	管理费用 销售费用 财务费用

变动成本法下：

产品成本＝直接材料＋直接人工＋变动制造费用

期间费用＝固定制造费用＋（变动销售费用＋固定销售费用）＋（变动管理费用＋固定管理费用）

而完全成本法下：

产品成本＝直接材料＋直接人工＋变动制造费用＋固定制造费用

期间费用＝(变动销售费用＋固定销售费用)＋(变动管理费用＋固定管理费用)

(2) 销货成本和期末存货成本的水平不同。变动成本法下，固定生产成本被作为期间成本直接影响当期损益。而完全成本法下，固定生产成本被计入产品成本，并要在存货和销货之间进行分配，使得一部分固定生产成本被期末存货吸收递延到下期，另一部分固定生产成本作为销货成本被计入当期利润表，这必将导致按两种成本法所确定的期末存货成本及销货成本的水平不同。

变动成本法下：

本期销货成本＝本期销售量×单位变动生产成本

期末存货成本＝期末存货量×单位变动生产成本

完全成本法下：

销货成本＝期初存货成本＋本期生产成本－期末存货成本

期末存货成本＝期末存货量×本期单位产品成本

(3) 营业利润的计算步骤不同。变动成本法下是按贡献式损益确定的，计算步骤如下：

销售收入－变动成本＝边际贡献

边际贡献－固定成本＝营业利润

式中：

变动成本＝已销产品变动生产成本＋变动销售及管理费用

固定成本＝固定制造费用＋固定销售及管理费用

完全成本法下是按传统式损益确定的，计算步骤如下：

销售收入－销售成本＝销售毛利

销售毛利－期间成本＝营业利润

式中：

销售成本＝期初存货成本＋本期生产成本－期末存货成本

期间成本＝管理费用＋销售费用＋财务费用

(4) 损益表的格式不同。由于两种成本法确定营业利润的程序不同，从而使之与相应的损益表的格式存在一定的差别。变动成本法使用贡献式损益表，完全成本法使用职能式损益表（表 3-3-3）。

在变动成本法下，营业利润的计算步骤如下：

销售收入－变动成本＝边际贡献

边际贡献－固定成本＝营业利润

式中：

变动成本＝变动生产成本＋变动非生产成本

固定成本＝固定生产成本＋固定非生产成本＝固定制造费用＋固定销售及管理费用

在完全成本法下，营业利润的计算步骤如下：

销售收入－销售成本＝销售毛利

销售毛利－营业费用＝营业利润

式中：

销售成本＝已销产品的生产成本

＝期初存货成本＋本期生产成本－期末存货成本

营业费用＝非生产成本＝销售及管理费用

表 3-3-3　损益表格式

变动成本法（贡献式）	完全成本法（职能式）
销售收入	销售收入
减：变动成本 变动生产成本 变动销售费用 变动管理费用 变动成本合计	减：销售成本 期初存货成本 本期生产成本 期末存货成本 销售成本合计
边际贡献	销售毛利
减：固定成本 固定制造费用 固定销售费用 固定管理费用 固定成本合计	减：营业费用 销售费用 管理费用 营业费用合计
营业利润	营业利润

4. 变动成本法的适用要求

一般来说，在企业管理过程中应用变动成本法，应遵循如下要求：

（1）企业所处的市场竞争环境激烈，需要频繁进行短期经营决策。

（2）市场相对稳定，产品差异化程度不大，有利于企业进行价格等短期决策。

（3）企业应保证成本基础信息记录完整，财务会计核算基础工作完善。

(4) 企业应建立较好的成本性态分析基础，具有划分固定成本与变动成本的科学标准，以及划分标准的使用流程与规范。

(5) 企业能够及时、全面、准确地收集与提供有关产量、成本、利润以及成本性态等方面的信息。

【工作任务】

【业务1】 某公司只生产一种产品，期初无存货，本期完工240件，成本资料见表3-3-4。

要求：分别用变动成本法和完全成本法计算产品成本。

表3-3-4 某公司成本资料

成本项目	金额/元
生产耗用的原材料	1 200
生产耗用的直接人工	480
发生的变动性制造费用	240
发生的固定性制造费用	720
合计	2 640

步骤1： 写出变动成本法产品成本公式。

变动成本法产品成本＝直接材料＋直接人工＋变动制造费用

步骤2： 根据某公司的成本资料，把数据代入公式。

变动成本法计算的产品成本＝1 200＋480＋240＝1 920（元）

步骤3： 写出完全成本法产品成本公式。

完全成本法产品成本＝直接材料＋直接人工＋变动性制造费用＋固定性制造费用

步骤4： 根据某公司的成本资料，把数据代入公式，得出结果。

完全成本法计算的产品成本＝1 200＋480＋240＋720＝2 640（元）

【业务2】 某公司本年只经营一种A产品，连续三年的产销量及成本、费用资料如表3-3-5所示。

表3-3-5 A产品三年产存销量 件

项目	第1年	第2年	第3年
期初存货量	0	0	2 000
本期生产量	8 000	8 000	8 000
本期销售量	8 000	6 000	10 000
期末存货量	0	2 000	0

A 产品单位售价 20 元/件，单位变动性生产成本 10 元/件，单位变动性销售及管理费用 0.6 元/件，全年固定性制造费用为 20 000 元，全年固定性销售及管理费用 8 200 元，存货按先进先出法计价，请按完全成本法和变动成本法计算该公司近三年的税前净利润。

要求：用变动成本法和固定成本法分别计算 3 年的利润。

1. 用变动成本法计算 3 年利润

步骤 1： 列出变动成本法利润计算表，结果如表 3-3-6 所示。

表 3-3-6 变动成本法利润计算表（一） 元

项目	第 1 年	第 2 年	第 3 年	合计
销售收入				
减：变动成本				
变动生产成本				
变动销售及管理费用				
变动成本合计				
边际贡献				
减：固定成本				
固定性制造费用				
固定性销售及管理费用				
固定成本合计				
营业利润				

步骤 2： 根据表 3-3-6 和生产资料数据计算第一年的营业利润。

第一年销售 8 000 件，则

销售收入＝8 000×20＝160 000（元）

变动生产成本＝8 000×10＝80 000（元）

变动销售及管理费用＝8 000×0.6＝4 800（元）

边际贡献＝销售收入－变动成本合计＝160 000－（80 000＋4 800）＝75 200（元）

营业利润＝边际贡献－固定成本＝边际贡献－（固定性制造费用＋固定性销售及管理费用）

＝75 200－（20 000＋8 200）＝47 000（元）

把上述计算结果填写到第 1 年，如表 3-3-7 所示。

表 3-3-7 按变动成本法计利润计算表（二） 元

项目	第 1 年	第 2 年	第 3 年	合计
销售收入	160 000			
减：变动成本				
变动生产成本	80 000			
变动销售及管理费用	4 800			
变动成本合计	84 800			
边际贡献	75 200			
减：固定成本				
固定性制造费用	20 000			
固定性销售及管理费用	8 200			
固定成本合计	28 200			
营业利润	47 000			

步骤 3：按照上述方法以依次计算出第 2 年、第 3 年的利润，如表 3-3-8 所示。

表 3-3-8 按变动成本法利润计算表（三） 元

项目	第 1 年	第 2 年	第 3 年	合计
销售收入	160 000	120 000	200 000	480 000
减：变动成本				
变动生产成本	80 000	60 000	100 000	240 000
变动销售及管理费用	4 800	3 600	6 000	14 400
变动成本合计	84 800	63 600	10 6000	254 400
边际贡献	75 200	56 400	94 000	225 600
减：固定成本				
固定性制造费用	20 000	20 000	20 000	60 000
固定性销售及管理费用	8 200	8 200	8 200	24 600
固定成本合计	28 200	28 200	28 200	84 600
营业利润	47 000	28 200	65 800	141 000

2. 用完全成本法计算 3 年利润

步骤 1：列出完全成本法利润计算表，结果如表 3-3-9 所示。

表 3-3-9　完全成本法利润计算表（一）　　元

项目	第 1 年	第 2 年	第 3 年	合计
销售收入				
减：销售成本				
期初存货成本				
本期生产成本				
可供销售成本				
期末存货成本				
销售成本合计				
销售毛利				
减：销售及管理费用				
营业利润				

步骤 2：根据表 3-3-9 和生产资料数据计算第一年的营业利润。

第 1 年销售 8 000 件，则销售收入＝8 000×20＝160 000（元）

生产成本＝变动生产成本＋固定性制造费用，则第 1 年生产成本＝8 000×10＋20 000＝100 000（元）

销售及管理费用＝变动销售及管理费用＋固定销售及管理费用，则

第 1 年销售及管理费用＝8 000×0.6＋8 200＝13 000（元）

销售毛利＝销售收入－销售成本＝160 000－100 000＝60 000（元）

第一年的营业利润＝销售收入－销售成本合计－销售及管理费用

即，第 1 年的营业利润＝160 000－100 000－13 000＝47 000（元）

把上述计算结果填写到第 1 年，如表 3-3-10 所示。

表 3-3-10　完全成本法利润计算表（二）　　元

项目	第 1 年	第 2 年	第 3 年	合计
销售收入	*160 000*			
减：销售成本				
期初存货成本	*0*			
本期生产成本	*100 000*			
可供销售成本	*100 000*			
期末存货成本	*0*			
销售成本合计	*100 000*			
销售毛利	*60 000*			
减：销售及管理费用	*13 000*			
营业利润	*47 000*			

步骤 3：按照上述方法以依次计算出第 2 年、第 3 年的利润。

其中，期末存货成本＝期末存货量 × 本期单位产品成本

第 2 年期末存货成本＝2 000×（100 000÷8 000）＝25 000（元）

计算结果如表 3-3-11 所示。

表 3-3-11　完全成本法利润计算表（三）　　元

项目	第 1 年	第 2 年	第 3 年	合计
销售收入	160 000	*120 000*	*200 000*	*480 000*
减：销售成本				
期初存货成本	0	*0*	*25 000*	*25 000*
本期生产成本	100 000	*100 000*	*100 000*	*300 000*
可供销售成本	100 000	*100 000*	*125 000*	*325 000*
期末存货成本	0	*25 000*	*0*	*25 000*
销售成本合计	100 000	*75 000*	*125 000*	*300 000*
销售毛利	60 000	*45 000*	*75 000*	*180 000*
减：销售及管理费用	13 000	*11 800*	*14 200*	*39 000*
营业利润	47 000	*33 200*	*60 800*	*141 000*

【业务 3】　某公司只生产一种产品，1 月份产量 2 000 件，期初无存货，本期销售 1 800 件，该产品单价 200 元，其他资料见表 3-3-12。

表 3-3-12　某公司资料表

项目		金额/元
直接材料		60 000
直接人工		50 000
制造费用	变动制造费用	10 000
	固定制造费用	40 000
销售费用	变动销售费用	5 000
	固定销售费用	5 000
管理费用	变动管理费用	1 000
	固定管理费用	29 000

要求：结合某公司的生产资料分析总结变动成本法和完全成本法的区别。

1. 产品成本和期间费用的构成不同

步骤 1：计算变动成本法产品成本。

产品成本＝直接材料＋直接人工＋变动制造费用

＝60 000＋50 000＋10 000＝120 000（元）

单位产品成本＝120 000÷2 000＝60（元）

步骤 2：计算完全成本法产品成本。

产品成本＝直接材料＋直接人工＋变动制造费用＋固定制造费用

＝60 000＋50 000＋10 000＋40 000　＝160 000（元）

单位产品成本＝160 000÷2 000＝80（元）

步骤 3：计算变动成本法期间费用。

期间费用＝固定制造费用＋（变动销售费用＋固定销售费用）＋（变动管理费用＋固定管理费用）

＝40 000＋（5 000＋5 000）＋（1 000＋2 9000）

＝80 000（元）

步骤 4：计算完全成本法期间费用。

期间费用＝（变动销售费用＋固定销售费用）＋（变动管理费用＋固定管理费用）

＝（5 000＋5 000）＋（1 000＋29 000）

＝40 000（元）

2. 销货成本和期末存货成本的水平不同

步骤 1：计算变动成本法下销售成本。

销售成本＝销售量×单位变动生产成本

＝1 800×60＝108 000（元）

步骤 2：计算变动成本法下期末存货成本。

期末存货成本＝期末存货量×单位变动生产成本

＝（2 000－1 800）×60＝12 000（元）

步骤 3：计算完全成本法下销售成本。

销售成本＝期初存货成本＋本期生产成本－期末存货成本

＝0＋2 000×80－200×80＝144 000（元）

步骤 4：计算完全成本法下期末存货成本。

期末存货成本＝期末存货量×本期单位完全生产成本

＝（2 000－1 800）×80＝16 000（元）

步骤 5：两种不同计算方法下期末存货成本和本期销货成本差异结果比较。

两种不同计算方法下期末存货成本和本期销货成本差异如表 3-3-13 所示。

表 3-3-13 完全成本法和变动成本法对比分析 元

完全成本法			变动成本法		
成本项目	单位成本	总成本	成本项目	单位成本	总成本
直接材料	30	60 000	直接材料	30	60 000
直接人工	25	50 000	直接人工	25	50 000
变动性制造费用	5	10 000	变动性制造费用	5	10 000
固定性制造费用	20	40 000	固定性制造费用		
期末存货成本	80	16 000	期末存货成本	60	12 000
本期销货成本	80	144 000	本期销货成本	60	10 800

3. 营业利润的计算步骤不同

步骤 1：计算变动成本法下的边际贡献。

边际贡献＝销售收入－变动成本

＝销售收入－（已销产品变动生产成本＋变动销售及管理费用）

＝200×1 800－（60×1 800＋5 000＋1 000）＝246 000（元）

步骤 2：计算变动成本法下的营业利润。

营业利润＝边际贡献－固定成本

＝边际贡献－（固定制造费用＋固定销售及管理费用）

＝246 000－（40 000＋5 000＋29 000）＝172 000（元）

步骤 3：计算完全成本法下的销售毛利。

销售毛利＝销售收入－销售成本

＝销售收入－（期初存货成本＋本期生产成本－期末存货成本）

＝200×1 800－（0＋2 000×80－200×80）＝216 000（元）

步骤 4：计算完全成本法下的营业利润。

营业利润＝销售毛利－期间费用＝216 000－40 000＝176 000（元）

师傅指导：根据计算我们发现完全成本法的利润比变动成本法利润多 4 000 元，其原因是，本期生产量 2 000 件大于销售量 1 800 件，期末存货增加 200 件。完全成本法下，本期 40 000 元固定制造费用中，只有 36 000 元计入本期销售成本，从当期收入中扣除。而变动成本法下，固定制造费用 40 000 元全部作为期间成本从当期收入中扣除，因此出现上述差异。

4. 损益表的格式不同

根据上述两种方法的营业利润计算过程，总结变动成本法和完全成本法的损益表格式，如前文表 3-3-3 所示。

【业务经验】

变动成本法和完全成本法计算的净收益对比分析

变动成本法和完全成本法计算的净收益不一样，完全成本法得出的数字更大，这是为什么呢？是不是总是完全成本法计算的净收益更大呢？

这里分三种情况讲述。

（1）产销平衡。当本期生产量等于销售量时，按变动成本法所确定的净收益等于按完全成本法确定的净收益。

按变动成本法计算，本期固定性制造费用全额从本期销售收入中扣除；按完全成本法计算，本期固定性制造费用先计入产品成本，同时本期产品在本期全部销售出去，故所得净利相等。

（2）本期生产量大于销售量。当本期生产量大于销售量时，按变动成本法所确定的净收益小于按完全成本法所确定的净收益。

按变动成本法计算，本期固定性制造费用全额从本期销售收入中扣除；按完全成本法计算，生产量大于销售量意味着本期的期末存货会增加，它会带走一部分本期发生的固定性制造费用，即从本期销售收入中扣减的固定性制造费用就不是全额了，故由此确定的净收益会大于前者。

（3）本期生产量小于销售量。当本期生产量大于销售量时，按变动成本法所确定的净收益大于按完全成本法确定的净收益。

按变动成本法计算，本期固定性制造费用全额从本期销售收入中扣除。按完全成本法计算，生产量小于销售量意味着本期销售的产品包括了上期结转下来的产成品，即本期产品销售成本不仅包括本期全额的固定性制造费用，还需要包括上期产成品结转下来的固定性制造费用，故由此确定的净收益会小于前者。

【工作任务实施记录与评价】

1. 生产成本的计算

师傅指导记录	两种方法生产成本的计算评价	评价成绩
		年　月　日

2. 期间费用的计算

师傅指导记录	两种方法期间费用的计算评价	评价成绩
		 年　月　日

3. 营业利润的计算

师傅指导记录	两种方法营业利润的计算评价	评价成绩
		 年　月　日

4. 学徒关键职业能力及职业品质、工匠精神评价

项目	A	B	C	D
工作态度				
吃苦耐劳				
团队协作				
沟通交流				
学习钻研				
认真负责				
诚实守信				

5. 学徒工作任务记录（完成后附在此处）

任务三　作业成本法成本管理

在师傅的指导和带领下，明确作业成本的概念，了解作业成本法与传统成本法的区别，熟悉作业成本管理基本框架，掌握设计作业成本法的基本原理和步骤。

【任务目标与质量要求】

熟知作业成本的核心概念和基本框架，了解作业成本法与传统成本法的区别，掌握作业成本法计算步骤，会用作业成本法进行产品成本核算。

【学习产出目标】

1. 能够正确划分资源动因和作业动因；
2. 能够根据作业成本法的计算步骤正确计算作业成本和产品成本。

【工作程序与方法要求】

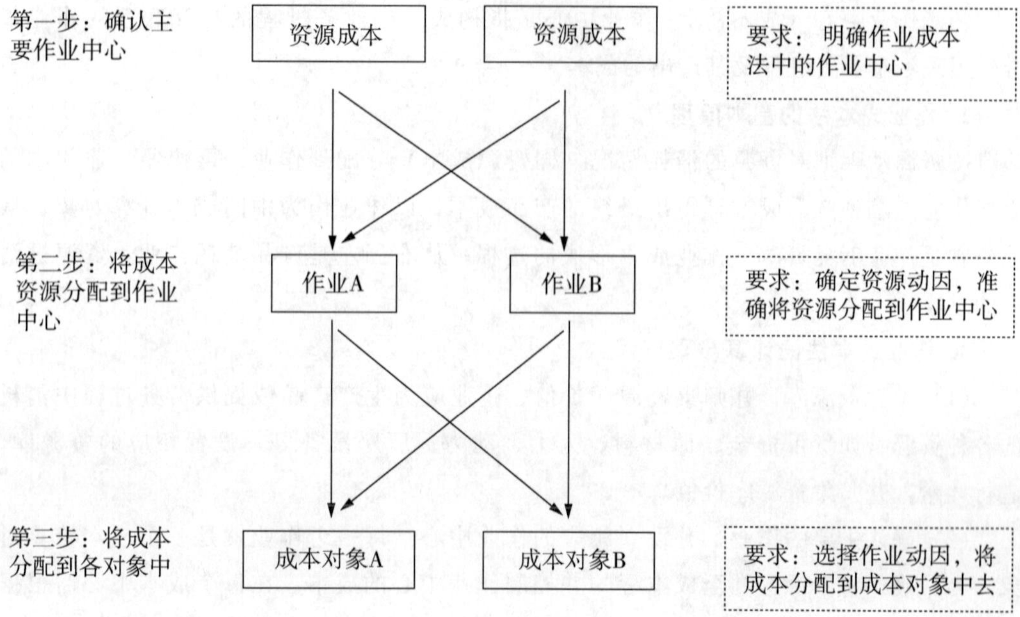

【业务知识】

1. 作业成本的核心概念

作业成本法以“作业消耗资源、产出消耗作业”为原则，按照资源动因将资源费用追溯或分配至各项作业，计算出作业成本；然后再根据作业动因，将作业成本追溯或分配至各成本对象，最终完成成本计算的过程。涉及的相关概念有：

（1）资源费用。资源费用是指企业在一定期间内开展经济活动所发生的各项资源耗费，包括有形资源耗费、无形资源耗费、人力资源耗费以及其他各种税费支出等。

（2）作业。作业是指企业基于特定目的重复执行的任务或活动，是连接资源和成本对象的桥梁。作业贯穿产品生产经营的全过程，从产品设计、原材料采购、生产加工，直至产品的发运销售。在这一过程中，每个环节、每道工序都可以视为一项作业。

（3）成本对象。成本对象是指企业追溯或分配资源费用、计算成本的对象物。

（4）成本动因。成本动因也称成本驱动因素，是指诱导成本发生的原因，是成本对象与其直接关联的作业和最终关联的资源之间的中介。按其在资源流动中所处的位置和作用，成本动因可分为：

①资源动因：引起作业成本变动的驱动因素，反映作业量与耗费之间的因果关系，用于计量各项作业对资源的耗用，是将资源成本分配给各有关作业的依据。

②作业动因：引起产品成本变动的驱动因素，反映产品产量与作业成本之间的因

果关系，用于计量各种产品对作业耗用的情况，是将作业成本分配给各种产品的基础，也是沟通资源消耗与最终产出的中介。

（5）作业中心（成本库）。作业中心是指构成一个业务过程的相互联系的作业集合，用来汇集业务过程及其产出的成本。

2. 作业成本法的基本原理

按资源动因把对资源的消耗情况（即资源成本）分配到作业，再按照作业成本动因把作业追踪到产品成本，得出最终的产品成本，以作业作为中间成本计算对象，从左到右是作业消耗资源，作业成本形成的过程；从右到左是产品消耗作业，资源被消耗的过程。

3. 作业成本法的计算步骤

（1）设立资源库，并归集资源库价值。企业应为生产产品或提供劳务过程中消耗的各种资源（如货币资金、原材料、人力、动力、厂房设备等）设置相应的资源库，进行计量，并归集资源库价值。

（2）确认主要的作业，并设立相应的作业中心。每一个作业就是一个成本核算对象，为了确保将资源追溯至成本标的并控制作业中心的成本，在每个成本中心需根据业务流程再划分作业项目。

（3）确定资源动因，并将各资源库汇集的价值分派到各作业中心。只有确定好资源动因才能将资源消耗分配到各项作业。

（4）选择作业动因，并确定各作业成本的成本动因分配率。各作业中心已建立，成本动因已经选定后，就可以将各作业成本除以成本动因单位数，计算出以成本动因为单位的分配率。

$$作业成本分配率=\frac{当期实际作业成本}{作业动因数}$$

（5）计算作业成本和产品成本。作业成本的计算公式如下：

$$某产品耗用的作业成本=\sum(该产品耗用的作业量\times实际作业成本分配率)$$

$$某产品当期发生成本=当期投入该产品的直接成本+当期耗用的各项作业成本$$

$$直接成本=直接材料成本+直接人工成本$$

4. 作业成本动因分配率

作业成本动因分配率可以分为实际作业成本分配率和预算作业成本分配率两种形式。

（1）实际作业成本分配率是根据各作业中心实际发生的成本和作业的实际产出，计算得出的单位作业产出实际成本。

（2）预算作业成本分配率根据预算年度预计的作业成本和预计作业产出计算。

5. 作业成本管理的业绩指标

（1）财务指标。主要集中在增值成本和非增值成本上，可以提供增值和非增值报告，以及作业成本趋势报告。

（2）非财务指标。主要体现在效率、质量和时间三个方面，如投入产出比、次品率和生产周期等。

6. 作业成本法的适用范围

作业成本法有一定的适用范围。作业成本法应用的前提条件是：①在企业所生产的产品或提供的服务中，占绝对比重的是间接费用；②企业生产的产品或提供的劳务种类繁多；③企业生产的各种产品或提供的各种劳务技术层次有一定差别。

7. 作业成本管理作用

作业成本管理以成本精细化管理提高客户价值，以增加企业利润为目的，基于作业成本法的成本管理系统。通过消除和精简非必要作业（非增值作业），并进行持续改进，从而达到降低成本、提高效率和精益管理的目的。

【工作任务】

某企业生产甲、乙两种产品，有关资料如表 3-3-14 所示。

表 3-3-14　甲、乙产品资料

产品名称	年产量/台	单位产品机器工时	直接材料单位成本/元	直接人工单位成本/元
甲	10 000	10	50	20
乙	40 000	10	30	20

企业每年制造费用总额为 2 000 000 元，依据作业动因设置 5 个成本库，有关资料如表 3-3-15 所示。

表 3-3-15　作业动因成本库

作业名称	成本动因	作业成本/元	作业动因数		
			甲产品	乙产品	合计
机器调整	调整次数	300 000	3 000	2 000	5 000
质量检验	检验次数	240 000	4 000	4 000	8 000
生产订单	订单份数	60 000	200	400	600
机器维修	维修次数	300 000	400	600	1 000
材料验收	验收次数	100 000	100	300	400
合计		1 000 000			

要求：采用作业成本法计算甲、乙两种产品的单位成本。

步骤 1：计算各项作业的成本分配率（表 3-3-16）。

表 3-3-16　各项作业的成本分配率

作业名称	成本动因	作业成本	作业动因数	
			甲、乙合计	分配率
机器调整	调整次数	300 000	5 000	60
质量检验	检验次数	240 000	8 000	30
生产订单	订单份数	60 000	600	100
机器维修	维修次数	300 000	1 000	300
材料验收	验收次数	100 000	400	250
合计		1 000 000		

注：分配率＝作业成本÷甲、乙合计。

步骤 2：计算作业成本计算法下两种产品的制造费用（表 3-3-17）。

表 3-3-17　两种产品的制造费用计算

作业名称	作业成本/元	作业动因数		分配率/%	分配的制造费用/元	
		甲产品	乙产品		甲产品	乙产品
机器调整	300 000	3 000	2 000	60	180 000	120 000
质量检验	240 000	4 000	4 000	30	120 000	120 000
生产订单	60 000	200	400	100	20 000	40 000
机器维修	300 000	400	600	300	120 000	180 000
材料验收	100 000	100	300	250	25 000	75 000
合计	1 000 000				465 000	535 000

步骤 3：作业成本法下甲、乙两种产品的单位成本计算。

单位甲产品制造费用＝465 000÷10 000＝46.5（元）

单位乙产品制造费用＝535 000÷40 000＝13.375（元）

甲产品单位成本＝单位直接材料成本＋单位直接人工成本＋单位制造费用

＝50＋20＋46.5＝116.5（元）

乙产品单位成本＝单位直接材料成本＋单位直接人工成本＋单位制造费用

＝30＋20＋13.375＝63.375（元）

【业务经验】

作业种类的划分方法

从作业的层次上把作业分为单位层次作业、批别层次作业、产品层次作业、能量层次作业四类。

（1）单位层次作业。单位层次作业反映对每单位产品产量或服务所进行的工作，即使单位产品或服务受益的作业。单位层次作业所耗用的资源量（即成本）与产品产量、服务量或某种属性（如直接人工小时、机器小时、产品重量、长度等）是成比例的。

（2）批别层次作业。批别层次作业是由生产批别次数直接引起，与生产数量无关，使一批产品或顾客受益的作业，如对每批产品的检验、机器调整准备、销货运送、原料处理、生产计划等作业。批别层次作业的成本通常与产品的批数成比例变动，不受产销数量或其他数量基准所影响。此外，整批层次的成本也和各批次的数量多少无关，如不论一次订购 1 单位还是 5 000 单位，每次订购成本都不会改变，因而，批别层次作业的成本取决于批数而非各批次的数量。批量水平作业和单位水平作业的主要区别在于完成批量水平作业所需要的资源不依赖于每批次所包含的单位数。

（3）产品层次作业。产品层次作业是每一类产品的生产和销售所需要的工作，即使某种产品的每个单位都受益的作业。如对某种产品编制数控计划、进行工艺设计、编制材料需求清单等作业。其作用在于支援该产品品种的生产，因此，与其他产品品种无关。这种作业的成本与产品产量及批数无关，但与产品种类数或产品线的数量成比例变动。

（4）能量层次作业。能量层次作业也称管理级作业，是指为了维持企业的总体生产经营能力而进行的作业，即使某个机构或某个部门受益的作业，属于企业一般维持性作业，如管理作业、厂房使用、人员培训等。该类作业与企业的整体生产经营活动有关，无法追溯到特定的批次或产品上，与产量、批次、品种数无关，而取决于组织的规模与结构。这种作业的成本为全部生产产品的共同成本。

【工作任务实施记录与评价】

1. 确定作业成本中心

师傅指导记录	确定作业成本中心质量评价	评价成绩
		年　月　日

2. 确定成本动因

成本动因	考虑因素	目标值	
资源动因			
作业动因			
计算准确率评价		评价成绩	
		时间	

3. 计算作业成本和产品成本

师傅指导记录	计算作业成本和产品成本准确性评价	评价成绩
		年　月　日

4. 学徒关键职业能力及职业品质、工匠精神评价

项目	A	B	C	D
工作态度				
吃苦耐劳				
团队协作				
沟通交流				
学习钻研				
认真负责				
诚实守信				

5. 学徒工作任务记录（完成后附在此处）

任务四　目标成本法成本管理

在师傅的指导和带领下，明确目标管理的基本原理，了解目标成本管理的应用，熟悉目标成本管理理论，掌握目标成本管理的步骤和流程，会用目标成本法进行成本核算和管理。

【任务目标与质量要求】

熟知目标成本管理的基本理念和作用，了解目标成本法的战略意义，掌握目标成本管理的步骤和流程，并正确核算成本。

【学习产出目标】

能够用目标成本法进行成本核算和管理。

【工作程序与方法要求】

步骤	内容	要求
确定目标价格和目标利润	确定目标价格要考虑的因素和目标利润要考虑的因素，分别进行分析，以此来更为准确地确定目标价格和目标利润	要求：正确分析确定目标
确定现行成本和目标成本	根据拟生产的产品、现有产品的改进产品确定成本基础，根据拟生产的新产品规格和生产方法确定潜在成本	要求：准确确定现行成本和目标成本
实现目标成本	建立跨职能团队，做好产品早期成本规划与管理，运用价值工程及其他工具，最终实现目标成本	要求：做好规划与管理
监控目标成本管理流程	通过分析非财务目标和财务目标监控目标成本，对应之前确定的现行目标成本，追踪目标实现得如何	要求：正确分析和判断
提升目标成本管理	根据之前流程制定以及现行目标成本实现情况和流程监控，利用改进成本法提升目标成本管理	要求：准确制定目标成本管理提升方法
重复目标成本管理流程	根据前一轮次目标成本管理效果，分析原因，结合利用改进成本法制定提升目标成本管理，做好规划和统筹，再次开展实施目标成本管理流程	要求：统筹规划，再次实施

【业务知识】

1. 目标成本管理的基本原理

目标成本管理是企业以市价和顾客为导向的一种有助于同时达到高品质、多功能、低成本的成本管理方法，从新产品的基本构想立案至生产开始阶段，设定符合顾客需求的品质、价格、信赖性及交货期等目标，并透过从上游到下游的所有过程，试图同时达到降低成本及确保综合利润的目标而实行的各种管理活动。

通过同步规划利润和成本措施来确保获得充足利润。在产品研发的最初阶段进行成本管理，通过贯穿整个供应链过程，应用到整个产品的生命周期里。

2. 目标成本管理特点

（1）适用于新产品、产品改进或更新换代；

（2）强调理解市场和竞争；

（3）聚焦于客户对质量、功能及价格的需求；

（4）认识到平衡组织各职能、建立团队在产品开发初期的必要性；

（5）核心是盈利、再投资、发展及创造价值。

3. 目标成本管理理论

（1）激励理论。目标设定的激励效果机制。

（2）市场价格决定成本。

$$C = P - E$$

式中，C——目标成本；

P——市场竞争价格；

E——目标利润。

（3）客户驱动的成本管理。客户需求不仅仅包括基于产品本身的特点和属性，还包括客户在购买产品之前对咨询、使用、售后等阶段的需求。

（4）注重生产流程的合理设计。设计阶段是管理成本的最佳时机。

（5）注重同步工程和部门协同。代表产品设计、制造、销售、市场营销、采购成本核算、客户服务以及技术支撑的各个部门或组织来共同负责实现目标成本。

（6）关注产品生命周期成本。考虑了整个产品周期的全部成本，其目的是在拥有产品整个过程中的成本最小化。

4. 目标成本管理方法

（1）确定目标价格和目标利润。确定目标价格要考虑的因素有：市场现在及未来需要什么；客户需要什么，以及客户真正愿意为替代性能支付的价格；现在和未来竞争的产品是什么。确定目标利润要考虑的因素有：目标市场价格的力度或者管理者赢得市场占有率的定价战略的激进程度；公司自身的成本地位，是否是一个低成本生产商；支持产品所需要的投资水平。

（2）确定现行成本和目标成本。如果拟生产的产品是现有产品的改进产品，那么公司就有一个成本基础，如果拟生产的新产品的规格和生产方法与现有产品相似，就可以据此确定新产品的潜在成本。

（3）实现目标成本。实现成本目标的过程建立在三个基本概念的基础之上，分别是利用跨职能团队、早期成本规划与管理、价值工程及其他工具。

（4）监控目标成本管理流程。追踪目标实现得如何，既包括非财务目标，又包括财务目标。

(5) 利用改进成本法提升目标成本管理。

(6) 重复目标成本管理流程。目标成本管理是动态的，一个价格在不断下降的产品总会达到成本无法再通过改进成本法降低的一点，这就引发了具有截然不同的特点的新一代产品，从而降低了可列支成本，当新一代产品投入生产时，就会应用改进成本法。

5. 目标成本管理中的标杆管理

标杆管理是指持续评估组织的实践并不断调整公司流程采用最佳实践，是旨在用于内部和外部评估以制定和实施规划、建立市场领袖地位的流程。标杆管理的主要工具被应用在以下六个阶段：

(1) 选择标杆管理项目并安排优先顺序；

(2) 组织标杆管理团队；

(3) 记录本组织的工作流程；

(4) 研究并确定“最佳”绩效；

(5) 分析标杆管理数据并确定绩效成因；

(6) 实施标杆管理研究建议。

【业务经验】

海尔集团利用目标管理法应用

(1) 日清管理模式。青岛海尔集团的日清管理模式（OEC 管理）被认为是有中国特色的目标管理法。20 世纪 90 年代，国家政策鼓励企业兼并重组，海尔以“海尔文化激活休克鱼”的思路先后兼并了国内十八家企业。这一阶段是海尔多元化发展的战略阶段，同时海尔也开始实行 OEC 管理法，即每人每天对每件事进行全方位的控制和清理，目的是“日事日毕，日清日高”。不难看出，OEC 管理法与目标管理法异曲同工，都是首先由企业制定总目标，然后再把总目标分解细化到各个部门，接着各部门再确定每个人在每一天的工作任务从而达到“事事有人管”。同时，企业内部再通过相应的控制清理系统来促使和控制既定目标完成，从而真正实现“人人都管事”。这种管好企业运作的每一件事、每一个人、每一天，甚至每一个小时的精细管理以及不断提高不断完善的进取精神使得企业的总体目标一个个得以实现。正是凭借 OEC 管理的客观的目标体系，完善的目标责任制，合理有效的考核机制体系和激励机制体系确保了目标管理的实施目标和效果，这一管理法成为海尔进行创新的基石。

(2) 人单合一双赢模式。进入互联网时代，营销的碎片化使得传统的管理模式不能够满足用户个性化的需求，海尔积极进行战略转型，整合全球的研发、制造、营销资源，创全球化品牌。这一阶段，海尔探索的互联网时代创造顾客的商业模式就是人单合一双赢模式，进一步强调发挥人的创造力，它是 OEC 模式的深化和发展，同时也是对目标管理法在互联网时代下的创新。

为实现员工、用户、股东等利益相关者的共赢，海尔不断进行商业模式创新，逐渐形成和完善具有海尔特色的人单合一双赢模式，“人”即具有“两创”精神的员工；“单”即用户价值。每个员工都在不同的自主经营体中为用户创造价值，从而实现自身价值，企业价值和股东价值自然得到体现。在该管理模式下，每个员工通过加入自主经营体与用户建立契约，从被管理到自主管理，从被经营到自主经营，实现“我的用户我创造，我的增值我分享，我的成功我做主”，这是对人性的充分释放。同时，人单合一的自主经营体为每个员工发挥“两创”精神提供了资源和机制的保障，让每个员工直面市场，更加敏捷地获取并满足互联网时代碎片化、个性化的用户需求，并且使每个员工都能以自组织的形式主动创新，以不变应万变。

【工作任务实施记录与评价】

1. 确定目标成本

<table>
<tr><th>师傅指导记录</th><th>确定目标成本质量评价</th><th>评价成绩</th></tr>
<tr><td rowspan="2"></td><td rowspan="2"></td><td></td></tr>
<tr><td>年　月　日</td></tr>
</table>

2. 实现目标成本

<table>
<tr><th>基本概念</th><th>考虑因素</th><th colspan="2">实现结果</th></tr>
<tr><td>跨职能团队</td><td></td><td colspan="2"></td></tr>
<tr><td>成本规划与管理</td><td></td><td colspan="2"></td></tr>
<tr><td>价值工程</td><td></td><td colspan="2"></td></tr>
<tr><td rowspan="2">计算准确率评价</td><td rowspan="2"></td><td>评价成绩</td><td></td></tr>
<tr><td>时间</td><td></td></tr>
</table>

3. 监控并改善目标成本

师傅指导记录	实现结果评价	评价成绩
		年　月　日

4. 学徒关键职业能力及职业品质、工匠精神评价

项目	A	B	C	D
工作态度				
吃苦耐劳				
团队协作				
沟通交流				
学习钻研				
认真负责				
诚实守信				

5. 学徒工作任务记录（完成后附在此处）

任务五　标准成本法成本管理

在师傅的指导和带领下，明确标准成本的相关概念，了解理想标准成本和正常标准成本的区别，掌握标准成本的制定，会进行成本差异的计算和分析。

【任务目标与质量要求】

熟记标准成本的相关概念，了解标准成本的分类并知道其区别，掌握标准成本的制定，学会计算和分析成本差异。

【学习产出目标】

1. 能够正确进行标准成本的制定；
2. 能够正确进行成本差异计算和分析。

【工作程序与方法要求】

●制定标准成本	分别确定直接材料、直接人工和制造费用用量标准和价格标准，以此来制定直接材料标准成本、直接人工标准成本和制造费用标准成本	要求：正确制定标准成本
●计算实际成本	根据生产资料，分别计算并确定直接材料实际成本、直接人工实际成本和制造费用成本	要求：正确计算实际生产成本
●计算成本差异	计算实际产量下标准成本，利用实际产量下的实际成本减去实际产量下的标准成本来计算成本差异，分别计算出价格差异和用量差异，进而分别计算出直接材料成本差异、直接人工成本差异和制造费用成本差异	要求：正确计算成本差异
●成本差异分析	根据前一步骤计算的成本差异结果，进行分析并确定差异为超支还是节约，找出责任单位，进行奖惩和评价	要求：准确进行成本差异分析

【业务知识】

1. 标准成本的相关概念

标准成本是指通过调查分析、运用技术测定等方法制定的、在有效运营条件下所能达到的目标成本。

标准成本控制与分析又称标准成本管理，是以标准成本为基础，将实际成本与标准成本进行对比，揭示成本差异形成的原因和责任，进而采取措施，对成本进行有效控制的管理方法。

2. 标准成本的制定

标准成本包括用量标准和价格标准两部分。产品成本由直接材料、直接人工和制造费用三个项目组成。无论哪个项目的标准成本，都需要分别确定其用量标准和价格标准，两者的乘积就是每一个成本项目的标准成本；将各项目的标准成本汇总，即得到单位产品的标准成本，表示为：

单位产品标准成本＝直接材料标准成本＋直接人工标准成本＋制造费用标准成本

（1）直接材料标准成本的制定

直接材料标准成本＝Σ（单位产品材料用量标准×材料价格标准）

（2）直接人工标准成本的制定

直接人工标准成本＝工时用量标准×工资率标准

式中，

工资率标准＝标准工资总额÷标准工资总工时

（3）制造费用标准成本

制造费用标准成本＝工时用量标准×制造费用分配率标准

式中，

制造费用分配率标准＝标准制造费用总额÷标准总工时

3. 成本差异的计算及分析

成本差异是指一定时期生产一定数量的产品所发生的实际成本与相关的标准成本之间的差额。

总差异＝实际产量下实际成本－实际产量下标准成本

＝实际用量×实际价格－实际产量下标准用量×标准价格

＝用量差异＋价格差异

式中，

用量差异＝标准价格×（实际用量－实际产量下标准用量）

价格差异＝（实际价格－标准价格）×实际用量

4. 成本差异包含的内容

（1）直接材料成本差异的计算

直接材料成本差异＝实际产量下实际成本－实际产量下标准成本

＝实际用量×实际价格－实际产量下标准用量×标准价格

＝直接材料用量差异＋直接材料价格差异

式中，

直接材料用量差异＝（实际用量－实际产量下标准用量）×标准价格

直接材料价格差异＝实际用量×（实际价格－标准价格）

（2）直接人工成本差异的计算

直接人工成本差异＝实际总成本－实际产量下标准成本

＝实际工时×实际工资率－实际产量下标准工时×工资率标准

＝直接人工效率差异＋直接人工工资率差异

式中，

直接人工效率差异＝（实际工时－实际产量下标准工时）×工资率标准

直接人工工资率差异＝实际工时×（实际工资率－工资率标准）

（3）变动制造费用成本差异的计算

变动制造费用成本差异＝实际总变动制造费用－实际产量下标准变动制造费用

＝实际工时×实际变动制造费用分配率－实际产量下标准工时×变动制造费用分配率标准

=变动制造费用效率差异+变动制造费用耗费差异

式中，

变动制造费用效率差异=（实际工时-实际产量下标准工时）×变动制造费用标准分配率

变动制造费用耗费差异=实际工时×（变动制造费用实际分配率-变动制造费用标准分配率）

（4）固定制造费用成本差异的计算

固定制造费用成本差异=实际产量下实际固定制造费用-实际产量下标准固定制造费用

=实际工时×实际分配率-实际产量下标准工时×标准分配率

式中，

标准分配率=固定制造费用预算总额÷预算产量下标准总工时

【工作任务】

【业务1】 A产品甲材料的标准价格为90元/千克，用量标准为3千克/件。假定企业本月投产B产品800件，领用甲材料3 200千克，其实际价格为80元/千克。则：

直接材料成本差异=3 200×80-800×3×90=40 000（元）（超支差异）

材料用量差异=（3 200-800×3）×90=72 000（元）（超支差异）

材料价格差异=3 200×（80-90）=-32 000（元）（节约差异）

材料的用量差异由生产部门负责，价格差异由采购部门负责。

【业务2】 A产品标准工资率为12.5元/小时，工时标准为3小时/件。假定企业本月实际生产A产品800件，用工1 000小时，实际应付直接人工工资11 000元。则：

直接人工成本差异=11 000-800×12.5×3=-19 000（元）（节约差异）

直接人工效率差异（量差）=（1 000-800×3）×12.5

=-17 500（元）（节约差异）

直接人工工资率差异（价差）=（11 000÷1 000-12.5）×1 000=-1 500（元）（节约差异）

效率差异由生产部门负责，工资率差异由劳动人事部门负责。

【业务3】 A产品标准变动制造费用分配率为3.6元/小时，工时标准为3小时/件。假定企业本月实际生产A产品800件，用工1 000小时，实际发生变动制造费用4 000元。

变动制造费用成本差异=4 000-800×3×3.6=-4 640（元）（节约差异）

变动制造费用效率差异（量差）=（1 000-800×3）×3.6=-5 040（元）（节约差异）

变动制造费用耗费差异（价差）=（4 000÷1 000-3.6）×1 000=400（元）（超支差异）

效率差异由生产部门负责，耗费差异由劳动人事部门负责。

【业务经验】

1. 标准成本的分类与用途

企业在确定标准成本时，根据自身的技术条件和经营水平，在以下两种类型中进行选择：一是理想标准成本；二是正常标准成本（表 3-3-18）。

表 3-3-18 理想标准成本和正常标准成本

种类	含义	依据	用途
理想标准成本	在最优条件下，利用现有的规模和设备能达到的最低成本	理论上的业绩标准；生产要素的理想价格；最可能实现的最高生产经营能力利用水平	揭示实际成本下降的潜力，不能作为考核依据
正常标准成本	在效率良好的条件下，根据下期一般应该发生的生产要素消耗量、预计价格和预计生产经营能力利用程度制定出来的标准成本	考虑了生产经营过程中难以避免的损耗和低效率	实际工作中广泛使用

2. 标准成本差异分析结果判断

标准成本差异分析是企业规划与控制的重要手段。通过差异分析，企业管理人员可以进一步讨论实际执行结果与标准不同的原因，其结果可以更好地反映实际生产经营活动中存在的不足，这对企业持续降低成本、明确责任划分以及经营效率的提高有着十分重要的意义。

3. 标准成本管理流程（图 3-3-1）

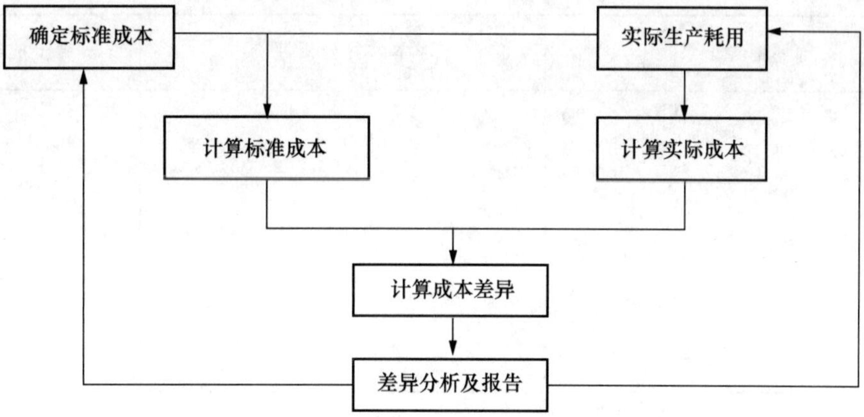

图 3-3-1 标准成本管理流程

【工作任务实施记录与评价】

1. 确定标准成本

师傅指导记录	确定标准成本质量评价	评价成绩
		年　月　日

2. 计算标准成本和实际成本

成本	计算结果	准确率	
标准成本			
实际成本			
计算准确率评价		评价成绩	
		时间	

3. 计算成本差异并分析

师傅指导记录	成本差异分析评价	评价成绩
		年　月　日

4. 学徒关键职业能力及职业品质、工匠精神评价

项目	A	B	C	D
工作态度				
吃苦耐劳				
团队协作				
沟通交流				
学习钻研				
认真负责				
诚实守信				

5. 学徒工作任务记录（完成后附在此处）

项目四

本量利管理应用

在师傅的指导和带领下，学习本量利分析方法，并针对企业生产经营的成本数据进行本量利分析，为企业生产经营决策提供依据，初步具备运用会计管理工具分析企业经营决策的能力。

【项目目标与质量要求】

熟知本量利分析方法和基本计算公式，能正确计算保本点和保利点。通过分析有关因素对利润的敏感程度，逐步养成分析与思考的习惯；善于观察与分析，见微知著，以小见大，提高敏锐性；发挥主观能动性与尊重客观规律相结合。

【学习产出目标】

1. 能够正确计算保本点和保利点，并进行盈亏平衡分析；
2. 能够运用边际贡献和安全边际分析方法对成本进行分析；
3. 能够正确进行利润敏感性分析。

任务一　保本点计算

在师傅的指导和带领下，熟知保本点的含义，熟练掌握保本点销售量和销售额的计算公式，并且会进行计算和分析。

【任务目标与质量要求】

熟知保本点销售量和销售额的计算公式，并且正确进行保本点的计算。

【学习产出目标】

能够熟练运用公式正确计算保本点销售量和销售额，并进行分析。

【工作程序与方法要求】

●计算保本点销售量	根据企业的成本资料，利用计算公式正确计算保本点销售量	要求：正确计算保本点销售量
●计算保本点销售额	根据企业的成本资料和上一步骤计算的保本点销售量，计算保本点销售额	要求：正确计算保本点销售额

【业务知识】

1. 本量利分析

（1）本量利分析的概念。本量利分析是指在变动成本法的基础上，用数量化的会计模型与图示来揭示固定成本、变动成本、销售量、销售单价、销售收入、利润等变量之间的规律性联系，在管理会计中称作成本、业务量、利润分析，简称本量利分析。

（2）本量利分析基本假设。

①成本性态分析的假设。假设企业的成本已按习性区分为固定成本与变动成本两部分，有关的习性模型已经建立起来。

②相关范围及线性假设。假设在一定时期内，业务量总是在保持成本水平和单价不变所允许的范畴内变化，成本函数与收入函数均表现为线性方程。

③产销平衡和品种结构稳定。

④变动成本法的假设。假设产品成本是按变动成本法计算的。

⑤目标利润假设。

2. 保本点含义

保本是指收入与当期成本费用刚好相等时，可称为达到保本状态，此时企业的营业利润为零。保本是企业经营能够继续的基本条件，企业只有实现超过保本点以上的销售量或销售额，才能获得利润。

保本点，又称盈亏平衡点、损益临界点等，是指企业一定时期的总收入等于总成本、营业利润为零时的业务量或金额。保本点表现形式有两种：一种是实物量，即保本销售量；另一种是货币量，即保本销售额。

3. 保本点的计算

在企业只生产和销售一种产品的条件下，运用本量利分析法，确定损益分界点（保本点）销售量和销售额。保本点销售量是指企业不盈不亏、利润为零时的销售量。

当利润为零时，

保本点销售量＝固定成本÷（单价－单位变动成本）

又因为，单价－单位变动成本＝单位边际贡献，则

保本点销售量＝固定成本÷单位边际贡献

保本点销售额＝单价×保本点销售量或保本点销售额＝固定成本÷边际贡献率

边际贡献率＝边际贡献÷销售收入

＝单位边际贡献÷单价

保本点就是一个金融企业亏损和盈利的分界点，对保本点进行分析的意义就在于确定公司处于这个分界点的业务量，以此来安排公司的生产经营。

【工作任务】

某公司只生产和销售一种A产品，单位产品售价1 000元，生产产品的单位变动成本500元，年固定成本总额1 000 000元，请帮忙计算该公司的保本点销售量和销售额。

步骤1：计算保本点销售量。

保本点销售量＝固定成本÷（单位产品售价－单位变动成本）

＝1 000 000÷（1 000－500）

＝2 000（件）

步骤2：计算保本点销售额。

保本点销售额＝单位产品售价×保本点销售量

＝1 000× 2 000

＝2 000 000（元）

师傅指导：当实际业务量大于保本点业务量时，企业处于盈利；当实际业务量等于保本点业务量时，企业处于保本；当实际业务量小于保本点业务量时，企业处于亏损。

【业务经验】

新开店铺保本点计算

保本点销售额＝固定成本÷（1－变动成本率），保本点销售额再乘以（1＋增值税税率）可换算为含税销售额，含税销售额就是业务关注的业绩目标。

根据保本点的销售额，同时结合店铺的面积和有效经营月份，用保本点的销售额除以面积再除以有效经营月，便可以预测出该店铺的保本点的月均平效，以便提前做好店铺面积大小的确定和租金谈判等工作。

平效，即每平方米面积上产生的销售额，以往经验显示，在零售行业通常月均平

效在 1 200～1 500 元属于合理的区间。

我们还可以通过保本点的销售额，同时结合店铺的人员和有效经营月份，用保本点的销售额除以人数再除以有效经营月，可以预测出保本点的月平均人效，以便提前做好人力资源的配置。

人效即人均销售额。在核算人均销售额时的“隐性人数”是一个值得关注的问题，大家往往容易忽略。比如促销活动期间的临时工，他们不会造成人员的变化，却可以极大地提高人效，所以对于“隐性人数”的控制也应该引起关注，看似高的人效也许不是效率提升的结果，而是隐性人数增加引起的。

【工作任务实施记录与评价】

1. 保本点销售量的计算

师傅指导记录	计算准确性评价	评价成绩
		年　月　日

2. 保本点销售额的计算

师傅指导记录	计算准确性评价	评价成绩
		年　月　日

3. 学徒关键职业能力及职业品质、工匠精神评价

项目	A	B	C	D
工作态度				
吃苦耐劳				
团队协作				
沟通交流				
学习钻研				
认真负责				
诚实守信				

4. 学徒工作任务记录（完成后附在此处）

任务二　保本点作业率计算

在师傅的指导和带领下，认识保本点作业率的含义并熟练掌握其计算公式，会进行保本点作业率的计算。

【任务目标与质量要求】

熟练掌握保本点作业率的计算方法，正确进行保本点作业率的计算和经营分析。

【学习产出目标】

根据企业生产资料，能够正确计算出保本点作业率，并对企业的经营安全性进行评价。

【工作程序与方法要求】

●认识保本点作业率，掌握其计算公式	学习保本点作业率业务知识，掌握保本点作业率的含义与计算公式	要求：熟知保本点作业率业务知识
●计算保本点作业率	根据企业的成本资料，计算保本点作业率，并对企业的经营安全性进行评价	要求：正确计算保本点作业率

【业务知识】

1. 保本点作业率的含义

保本点作业率又称损益分界点作业率，是指保本点（或者损益分界点）销售量（额）与实际或预计销售（额）的比率。反映企业对某产品的产销能力利用到什么程度才能达到不盈不亏的状态。

保本点作业率表明企业保本的业务量在正常业务量中所占的比重。由于多数企业的生产经营能力是按正常销售量来规划的，生产经营能力与正常销售量基本相同，所以，保本点作业率还表明保本状态下的生产经营能力的利用程度。

2. 保本点作业率的计算方法

保本点作业率的计量计算公式如下：

$$保本点作业率=保本点业务量\div 实际或计划业务量\times 100\%$$

保本点作业率数值越大，说明企业经营的安全性就越差；数值越小，说明企业经营的安全性就越好；数值为 1 时，说明企业的业务量正好达到保本水平，企业盈亏平衡，利润为零。

【工作任务】

某公司生产销售 A 产品，该产品销售单价为 20 元/件，单位变动成本 12 元/件，固定成本 50 000 元。

要求：若 A 产品预计销售量为 8 000 件，请计算保本作业率，并对企业的经营安全性进行评价。

步骤 1：根据保本点销售量（额）计算公式和 A 产品的成本和价格资料，计算 A 产品的保本点销售量和销售额。

保本点销售量＝固定成本÷（单位产品售价－单位变动成本）

＝50 000÷（20－12）＝6 250（件）

保本点销售额＝单位产品售价×保本点销售量

＝20×6 250＝125 000（元）

步骤 2：计算保本点作业率。

保本点作业率＝保本点业务量÷实际或计划业务量×100％

＝6 250÷8 000×100％＝78.125％

或　保本点作业率＝125 000÷（8 000×20）＝78.125％

或　保本点作业率＝1－安全边际率＝1－21.875％＝78.125％

步骤 3：对企业的经营安全性进行评价。

由计算结果可知，保本点作业率为 78.125％，说明企业经营很不安全，企业要利用 78.125％的产销能力才能实现保本。

【业务经验】

保本点作业率在决策中的应用

应用于新产品决策，在开发一个新产品时，从保本点可以看出，这个新产品要达到的最低销售量或是最低销售金额到底是多少，投资才不会发生亏损；应用于扩充或紧缩决策，单位售价减去单位变动成本，又称为单位利润贡献，可以通过单位利润贡献决定企业是否扩大经营或停产歇业。

从保本点公式可以发现，单位售价减掉单位变动成本，即单位利润贡献，其表示每卖一个单位的产品有没有钱赚；如果单位售价比单位变动成本大很多，不但变动成本收回来了，固定成本也能收回来，最后就会产生利润。

保本点作业率也称危险率。它是一个逆指标，数值越小，企业的经营越安全；反之，则不安全。保本点作业率还可以说明企业在保本状态下生产经营能力的利用程度。

【工作任务实施记录与评价】

1. 保本点作业率的计算

师傅指导记录	保本点作业率的计算准确性评价	评价成绩
		年 月 日

2. 经营安全性分析

师傅指导记录	经营安全性分析评价	评价成绩
		年 月 日

3. 学徒关键职业能力及职业品质、工匠精神评价

项目	A	B	C	D
工作态度				
吃苦耐劳				
团队协作				
沟通交流				
学习钻研				
认真负责				
诚实守信				

4. 学徒工作任务记录（完成后附在此处）

任务三 盈亏平衡分析

在师傅的带领下，会熟练进行单一产品盈亏平衡分析和多种产品盈亏平衡分析。

【任务目标与质量要求】

熟练掌握单一品种盈亏平衡分析方法，掌握综合边际贡献率法和联合单位法的计算公式，熟悉两种方法盈亏平衡分析操作步骤。

【学习产出目标】

1. 根据企业生产资料，能够熟练进行单一品种盈亏平衡分析；

2. 根据企业生产资料，能够熟练运用综合边际贡献率法和联合单位法对多种产品进行盈亏平衡分析。

【工作程序与方法要求】

●单一产品盈亏平衡分析	根据企业的生产资料，能正确计算出盈亏平衡点销售量和销售额	要求：正确计算出盈亏平衡点销售量和销售额
●综合边际贡献率法盈亏平衡分析	能结合企业生产数据，熟练运用综合边际贡献率法对企业生产多种产品进行盈亏平衡分析	要求：熟练掌握综合边际贡献率法的基本计算步骤
●联合单位法盈亏平衡分析	能结合企业生产数据熟练运用联合单位法对企业生产多种产品进行盈亏平衡分析	要求：熟练掌握联合单位法具体计算步骤

【业务知识】

1. 盈亏平衡分析的含义

盈亏平衡分析也称保本分析，就是研究当企业恰好处于保本状态时本量利关系的一种定量分析方法，是通过盈亏平衡点（BEP）分析项目成本与收益的平衡关系的一种方法。各种不确定因素（如投资、成本、销售量、产品价格、项目寿命期等）的变化会影响投资方案的经济效果，当这些因素的变化达到某一临界值时，就会影响方案的取舍。盈亏平衡分析的目的就是找出这种临界值，即盈亏平衡点，判断投资方案对不确定因素变化的承受能力，为决策提供依据。

2. 单一产品盈亏平衡分析

在企业只生产和销售一种产品的条件下，运用本量利分析法，确定损益分界点（盈亏平衡点、保本点）销售量和销售额。保本点销售量是指企业不盈不亏，利润为零时的销售量。

当利润为零时：

盈亏平衡点销售量＝固定成本÷（单位产品售价－单位变动成本）

或　　　　盈亏平衡点销售量＝固定成本÷单位边际贡献

盈亏平衡点销售额＝单位产品售价×保本点销售量

或　　　　盈亏平衡点销售额＝固定成本÷边际贡献率

边际贡献率＝边际贡献÷销售收入＝单位边际贡献÷单位产品售价

（企业预计销售量÷实际销售量）＞损益分界点销售量，企业利润大于零，处于盈利状态；（企业预计销售量÷实际销售量）＜损益分界点销售量，企业利润小于零，处于亏损状态。

3. 多种产品盈亏平衡分析

多品种盈亏平衡分析是以单一产品保本分析假设条件为前提，特别强调各种产品的销售比重不变。多品种盈亏平衡分析方法有综合边际贡献率法（加权平均法）、联合单位法、主要产品边际贡献率法。

综合贡献边际率法是在确定各种产品本身的贡献毛益率的基础上，以各产品销售额占企业全部产品销售额的比重（即各产品销售比重）为权数进行加权平均，据以计算综合贡献毛益率，并进行本量利分析的方法。

综合边际贡献率法的基本步骤如下：

（1）计算各产品的边际贡献率。

（2）计算各产品的销售比重。

（3）计算综合边际贡献率。

综合边际贡献率＝∑（各产品的边际贡献率×各产品的销售比重）

（4）计算综合盈亏平衡销售额。

综合盈亏平衡销售额＝企业固定成本÷综合边际贡献率

（5）计算各产品的盈亏平衡销售额和销售量。

各产品的盈亏平衡销售额＝综合保本销售额×各产品的销售比重

各产品的盈亏平衡销售量＝各产品的盈亏平衡销售额÷各产品的销售单价

4. 联合单位法

联合单位法是将按一定固定销售量比例组成的一组产品作为一个联合单位，在计算联合单价、联合单位变动成本的基础上进行本量利分析的一种方法。

联合单位法具体步骤如下：

（1）计算各种产品的单位边际贡献。

（2）计算各种产品的销售比。

（3）计算联合单位的边际贡献。

联合单位边际贡献＝∑（某种产品的单位边际贡献×该种产品销售比）

(4) 计算保本点的联合单位销售量。

保本点联合单位销售量＝固定成本总额÷联合单位边际贡献

某产品保本量＝联合保本量×该产品销量比

(5) 计算联合单位销售单价。

联合单位销售单价＝∑（某种产品的单位产品售价×该种产品销售比）

(6) 计算损益分界点销售额。

损益分界点销售额＝损益分界点联合单位销售量×联合单位销售单价

5. 盈亏平衡分析作用

盈亏平衡分析可以对项目的风险情况及项目对各个因素不确定性的承受能力进行科学判断，为投资决策提供依据。传统盈亏平衡分析以盈利为零作为盈亏平衡点，没有考虑资金的时间价值，是一种静态分析，盈利为零的盈亏平衡实际上意味着项目已经损失了基准收益水平的收益，项目存在着潜在的亏损。把资金的时间价值纳入盈亏平衡分析中，将项目盈亏平衡状态定义为净现值等于零的状态，便能将资金的时间价值考虑在盈亏平衡分析内，变静态盈亏平衡分析为动态盈亏平衡分析。由于净现值的经济实质是项目在整个经济计算期内可以获得的、超过基准收益水平的、以现值表示的超额净收益，所以，净现值等于零意味着项目刚好获得了基准收益水平的收益，实现了资金的基本水平的保值和真正意义的“盈亏平衡”。动态盈亏平衡分析不仅考虑了资金的时间价值，而且可以根据企业所要求的不同的基准收益率确定不同的盈亏平衡点，使企业的投资决策和经营决策更全面、更准确，从而提高项目投资决策的科学性和可靠性。

【工作任务】

【业务1】 某公司生产销售A产品，该产品销售单价为20元/件，单位变动成本12元/件，固定成本50 000元。

要求：计算A产品盈亏平衡点销售量和盈亏平衡点销售额。

步骤1： 计算盈亏平衡点销售量。

盈亏平衡点销售量＝固定成本÷（单位产品售价－单位变动成本）

＝50 000÷（20－12）＝6 250（件）

步骤2： 计算盈亏平衡点销售额。

盈亏平衡销售额＝单位产品售价×保本点销售量

＝20×6 250＝125 000（元）

或　盈亏平衡点销售额＝固定成本÷边际贡献率

＝50 000÷[(20－12)÷20]＝50 000÷40%＝125 000(元)

师傅指导：由计算可知，该公司的盈亏平衡（保本点）点销售量为62 500件，盈亏平衡（保本点）点销售额为125 000元，即当A产品销售量达到62 500件或销售额达到 125 000 元时，公司就可以实现保本，处于盈亏平衡状态。

【业务 2】 某公司生产销售甲、乙、丙三种产品，预计固定成本总额为 149 500 元，三种产品的有关销售预测资料如表 3-4-1 所示。

要求：采用综合边际贡献率法和联合单位法进行公司多品种盈亏平衡（保本）分析。

表 3-4-1 某公司销售产品预测资料

产品	销售量/件	单价/元	单位变动成本/元	单位边际贡献
甲	10 000	60	48	12
乙	5 000	40	28	12
丙	10 000	20	15	5

1. 综合边际贡献率法

步骤 1：计算甲、乙、丙三种产品各自的边际贡献率。

甲产品的边际贡献率＝12÷60＝20％

乙产品的边际贡献率＝12÷40＝30％

丙产品的边际贡献率＝5÷20＝25％

步骤 2：计算甲、乙、丙三种产品的销售比重。

全部产品的销售总额＝10 000×60＋5 000×40＋10 000×20＝1 000 000（元）

计算各种产品的销售比重：

甲产品的销售比重＝600 000÷1 000 000×100％＝60％

乙产品的销售比重＝200 000÷1 000 000×100％＝20％

丙产品的销售比重＝200 000÷1 000 000×100％＝20％

步骤 3：计算甲、乙、丙三种产品的综合边际贡献率。

综合边际贡献率＝Σ（某种产品边际贡献率×该产品销售比重）

＝20％×60％＋30％×20％＋25％×20％＝23％

步骤 4：根据盈亏平衡点销售额计算公式，计算出综合盈亏平衡点销售额。

综合盈亏平衡点销售额＝固定成本总额÷综合边际贡献率

＝149 500÷23％＝650 000（元）

步骤 5：根据甲、乙、丙三种产品的销售比重，分别计算各自的盈亏平衡点销售额和销售量。

甲产品：

盈亏平衡点销售额＝650 000×60％＝390 000（元）

盈亏平衡点销售量＝390 000÷60＝6 500（件）

乙产品：

盈亏平衡点销售额＝650 000×20％＝130 000（元）

盈亏平衡点销售量＝130 000÷40＝3 250（件）

丙产品：

盈亏平衡点销售额＝650 000×20％＝130 000（元）

盈亏平衡点销售量＝130 000÷20＝6 500（件）

师傅指导：通过计算可以得出这个企业要想盈利，甲、乙、丙产品最低销售量分别是 6 500 件、3 250 件和 6 500 件

2. 联合单位法

步骤 1：计算各种产品的单位边际贡献。

甲、乙、丙三种产品的单位边际贡献分别是 12、12、5。

步骤 2：确定产品销量比。

甲、乙、丙三种产品的销量比＝10 000：5 000：10 000＝2：1：2

步骤 3：计算联合单位的边际贡献。

联合单位边际贡献＝12×2＋12×1＋5×2＝46（元）

步骤 4：计算盈亏平衡点的联合单位销售量。

盈亏平衡点联合单位销售量＝149 500÷46＝3 250（件）

甲的盈亏平衡销售量＝3 250×2＝6 500（件）

乙的盈亏平衡销售量＝3 250×1＝3 250（件）

丙的盈亏平衡销售量＝3 250×2＝6 500（件）

步骤 5：计算联合单位销售单价。

联合单位销售单价＝60×2＋ 40×1＋20×2＝200（元）

步骤 6：计算损益分界点销售额。

损益分界点销售额＝3 250×200＝650 000（元）

【业务经验】

1. 盈亏平衡点销售量的现实应用方法

小王租了一个煎饼车在校园门口卖煎饼。煎饼车的租金是 100 元/天，每个煎饼的售价是 2 元钱，成本是 1 元钱。请问小王每天至少要卖多少个煎饼才可以保本（不亏钱）?

分析：每个煎饼可以赚 1 元钱，至少卖 100 个煎饼才可以把租金挣回来。100 个煎饼就是达到盈亏平衡点时的销售量。卖出的煎饼低于 100 个，小王就亏钱了；等于 100 个，正好盈亏平衡；超过 100 个，可以赚钱。

盈亏平衡点销售量是总收入等于总成本（利润为 0）时的销售量。盈亏平衡点销售量是在价格确定的假设下避免亏损的最低销售量。

如果换另一种情景，小王在校园门口卖鲜花，每束鲜花售价 20 元，进货价是 10 元。在这种情况下，还有盈亏平衡点的问题吗？卖鲜花不需要设备，没有固定投

入。卖一束花，赚 10 元，多卖就多赚钱，少卖就少赚钱。而卖煎饼有固定成本，卖少了不是少赚的问题，是亏本的问题。

通过这两个例子的对比，我们会发现，盈亏平衡点的问题源自固定成本的存在，而大多数公司都存在固定成本，所以研究盈亏平衡点非常有意义。固定成本不是指成本不变，而是指成本与销售量之间没有线性关系，不会随着销售量的增加而增加。比如房租，房租也是可以变化的，但是变化的原因和销售量无关，而是因为周围的地段升值了。

2. 盈亏平衡分析应用场景

比如小王卖煎饼的案例，如果小王已经租了煎饼车，发现校园门口的人流量根本无法带来每天 100 个有效订单，这个时候车已经租了，就会产生损失。要是租车合同规定按月支付租金，那损失就更大了。

如果小王在签订租车合同之前就进行盈亏平衡点分析，根据租金和每个煎饼的利润可以估计出盈亏平衡点（保本的最低销售量），再实地考察一下校园门口的客流量，就可以预估项目的盈利能力。

所以，盈亏平衡点可以帮助我们在进行投资之前进行项目盈利评估。投资之后计算盈亏平衡点只是经营管理上的一种衡量与控制，不能帮助公司防范投资风险。

【工作任务实施记录与评价】

1. 单一产品盈亏平衡分析

师傅指导记录	单一产品盈亏平衡分析质量评价	评价成绩
		年　月　日

2. 多种产品盈亏平衡分析

师傅指导记录	多种产品盈亏平衡分析质量评价	评价成绩
		年　月　日

3. 学徒关键职业能力及职业品质、工匠精神评价

项目	A	B	C	D
工作态度				
吃苦耐劳				
团队协作				
沟通交流				
学习钻研				
认真负责				
诚实守信				

4. 学徒工作任务记录（完成后附在此处）

任务四　安全边际分析

【任务目标与质量要求】

在师傅的指导和带领下，掌握边际贡献相关指标的计算公式并能计算相关指标，掌握安全边际率的计算方法和含义，能够进行安全边际分析。

【学习产出目标】

1. 结合企业生产资料，熟练计算边际贡献相关指标。能结合企业资料计算安全边际率，并能对企业经营安全状况做出评价。

2. 根据企业资料，能够正确进行安全边际分析。

【工作程序与方法要求】

步骤	内容	要求
●认识边际贡献和安全边际	边际贡献包括单位边际贡献、边际贡献总额、边际贡献率；安全边际包括安全边际量（额）和安全边际率	要求：正确区分边际贡献和安全边际
●计算边际贡献	根据企业的成本资料，熟练运用边际贡献计算公式，分别计算单位边际贡献、边际贡献总额、边际贡献率、变动成本率和利润	要求：正确计算边际贡献
●计算安全边际	根据企业的成本资料，计算安全边际率、营业利润，并对公司经营安全状况做出评价	要求：正确计算安全边际

【业务知识】

1. 边际贡献的含义

边际贡献也称为贡献毛益、贡献边际，是指产品的销售收入减去变动成本后的余额。边际贡献是形成利润的基础，边际贡献用来补偿固定成本，弥补固定成本之后的余额形成企业的利润；因此，只有当边际贡献大于固定成本时才能为企业提供利润，否则企业将亏损。

边际贡献的表达形式有两种：绝对数和相对数。

绝对数指单位边际贡献（CM）和边际贡献总额（TCM），相对数指边际贡献率（CMR），其计算公式如下：

（1）单位边际贡献＝单价－单位变动成本

边际贡献总额＝销售收入总额－变动成本总额

或　边际贡献总额＝单位边际贡献×销售量

（2）边际贡献率＝边际贡献总额÷销售收入总额×100％

或　边际贡献率＝单位边际贡献÷单价×100％

（3）变动成本率＝变动成本总额÷销售收入总额×100％

或　变动成本率＝单位变动成本÷单价×100％

变动成本率是指变动成本占销售收入的百分比。

由　边际贡献率＝单位边际贡献÷单价×100％

可知，边际贡献率＋变动成本率＝1

因此，边际贡献率＝1－变动成本率

变动成本率越高，边际贡献率越低，盈利能力越小；

变动成本率越低，边际贡献率越高，盈利能力越强。

（4）营业利润＝边际贡献总额－固定成本

＝销售量×单位边际贡献－固定成本

由　边际贡献率＝边际贡献÷ 销售收入

可得，利润＝销售收入×边际贡献率－固定成本

边际贡献分析法可用于：生产何种产品的决策分析、新产品开发的决策分析、亏损产品是否停产或转产的决策分析、特殊订货是否接受的决策分析等。

在决策分析时，应以各种产品能创造的边际贡献总额或每单位资源能创造的边际贡献的大小作为选优方案的主要依据，绝不能以产品的单位边际贡献的大小作为选优的标准。

2. 经营安全分析

企业经营的安全评价，是在单一品种条件下，通过计算安全边际等相关指标，与

相关判断标准进行对比，进而评价企业在一定时期经营状况是否安全的方法。

安全边际指现有或预计的销售业务量与保本点业务量之间的差量，属于越大越好的正指标。一般而言，安全边际指标越大，说明企业经营越安全。安全边际有两种表现形式，一种是绝对数，即安全边际量（额）；另一种是相对数，即安全边际率。安全边际可以反映企业的盈利能力，常用来评价企业经营安全状况。

安全边际量（额）计算公式如下：

安全边际量＝实际或计划业务量－损益分界点业务量

安全边际额＝实际或计划业务额－损益分界点业务额

安全边际率，是指安全边际除以实际或计划业务量（额）的比率。

安全边际率的计算公式如下：

安全边际率＝安全边际量÷现有或预计销售量×100％

＝安全边际额÷实际或预计销售额×100％

利润＝边际贡献－固定成本

＝销售收入×边际贡献率－保本销售额×边际贡献率

＝安全边际额×边际贡献率

销售利润率＝安全边际率×边际贡献率

【工作任务】

【业务1】 某公司专门生产销售学生专用小台灯，单价为20元，单位变动成本为12元，固定成本为50 000元，年销售量为20 000个。

要求：计算小台灯的单位边际贡献、边际贡献总额、边际贡献率、变动成本率和利润。

步骤1：根据计算公式计算单位边际贡献。

单位边际贡献＝20－12＝8（元）

步骤2：根据计算公式计算边际贡献总额。

边际贡献总额＝8×20 000＝160 000（元）

步骤3：根据计算公式计算边际贡献率。

边际贡献率＝160 000÷（20×20 000）×100％＝40％

或　边际贡献率＝8÷20×100％＝40％

步骤4：根据计算公式计算变动成本率。

变动成本率＝12÷20×100％＝60％

或　变动成本率＝（12×20 000）÷（20×20 000）×100％＝60％

步骤5：根据计算公式计算利润。

利润＝160 000－50 000＝110 000（元）

或　利润＝20×20 000×40％－50 000＝110 000（元）

【业务 2】　某公司生产销售一种产品，单价为 10 元，单位变动成本为 6 元，每月固定成本为 1 500 元，本月正常销售量为 800 件。

要求：计算安全边际率、营业利润，并对公司经营安全状况做出评价。

步骤 1：计算保本点销售量。

保本点销售量＝1 500÷（10－6）＝375（件）

步骤 2：计算安全边际量和安全边际额。

安全边际量＝800－375＝425（件）

安全边际额＝425×10＝4 250（元）

步骤 3：计算安全边际率和边际贡献率。

安全边际率＝425÷800＝4 250÷8 000＝53.125％

边际贡献率＝（10－6）×800÷（10×800）×100％＝40％

步骤 4：计算利润。

利润＝4 250×40％＝1 700（元）

步骤 5：对公司经营安全状况做出评价。

从以上计算结果可知，该公司的安全边际率为 53.125％，高于 40％，说明经营很安全。

【业务经验】

1. 用安全边际率判断企业是否经营安全

安全边际率越高，说明企业经营越安全；安全边际率越低，说明企业经营越不安全。按照安全边际率的大小给出了安全边际率评价标准，如表 3-4-2 所示，10％以下企业经营处于危险，40％以上企业经营很安全。

表 3-4-2　安全边际率评价标准

安全边际率	10％以下	10％～20％（含）	20％～30％（含）	30％～40％（含）	40％以上
安全程度	危险	值得注意	比较安全	安全	很安全

2. 影响企业边际贡献大小的因素

影响企业边际贡献大小的因素有：销售单价、单位变动成本和产销量。边际贡献一般可分为单位产品的边际贡献和全部产品的边际贡献，其计算方法为：

单位产品边际贡献＝销售单价－单位变动成本

全部产品边际贡献＝全部产品的销售收入－全部产品的变动成本。

【工作任务实施记录与评价】

1. 边际贡献相关指标计算

师傅指导记录	边际贡献相关指标计算评价	评价成绩
		年　月　日

2. 安全边际相关指标计算

师傅指导记录	安全边际相关指标计算评价	评价成绩
		年　月　日

3. 学徒关键职业能力及职业品质、工匠精神评价

项目	A	B	C	D
工作态度				
吃苦耐劳				
团队协作				
沟通交流				
学习钻研				
认真负责				
诚实守信				

4. 学徒工作任务记录（完成后附在此处）

任务五　利润敏感性分析

在师傅的指导和带领下，熟知临界值的含义并会计算，能够计算敏感系数，能够根据企业资料和计算结果进行利润敏感性分析。

【任务目标与质量要求】

熟练掌握销售量、销售单价、单位变动成本、固定成本临界值的计算公式。熟练掌握敏感系数的计算公式。

【学习产出目标】

1. 根据企业生产资料，能够正确计算销售量、销售单价、单位变动成本、固定成本的临界值，并做出评价；

2. 根据企业生产资料，能够正确计算销售量、销售单价、单位变动成本、固定成本的敏感系数，并做出评价。

【工作程序与方法要求】

●确定影响利润各因素的临界值	根据企业的成本资料，计算该公司销售量、销售单价、单位变动成本、固定成本的临界值，并做出评价	要求：正确计算各变量的临界值
●计算敏感系数	根据企业的成本资料，计算销售量、销售单价、单位变动成本、固定成本的敏感系数，并做出评价	要求：正确计算各因素敏感系数

【业务知识】

1. 利润敏感性分析的含义

利润敏感性分析，就是研究本量利分析的假设前提中诸因素发生变化时，对利润的影响方向和影响程度。利润敏感性分析的内容有两个：一是分析确定影响利润的各变量（销售量、单价、单位变动成本、固定成本等）的临界值，即对单价和销售量的最小允许值、对单位变动成本和固定成本的最大允许值；二是研究各因素的变化对利润变化的影响程度。

2. 影响利润各因素临界值的计算

利润＝销售量×（单价－单位变动成本）－固定成本

当利润＝0 时，可求得各变量的临界值

销售量的最小允许值＝固定成本÷（单价－单位变动成本）

单价的最小允许值＝单位变动成本＋固定成本÷销售量＝（变动成本＋固定成本）÷销售量

单位变动成本的最大允许值＝单价－固定成本÷销售量＝（销售收入－固定成本）÷销售量

固定成本的最大允许值＝（单价－单位变动成本）×销售量＝销售收入－变动成本

3. 敏感系数的计算

根据本量利基本关系式，单价、单位变动成本、销售量和固定成本这些因素变化都会引起利润的变化，但对利润的影响程度各不相同。其中，有的因素较小的变动就会引起利润较大的变动，这种因素被称为敏感因素；相反，有的因素虽有较大的变动，但对利润的影响不大，被称为不敏感因素。反映各因素对利润敏感程度的指标称为利润的敏感系数（表 3-4-3），其计算公式为：

某因素敏感系数＝利润变动百分比÷因素变动百分比

表 3-4-3　　敏感系数简化计算

敏感系数	计算方法
销售量的敏感系数（经营杠杆系数）	基期边际贡献÷基期利润
单价的敏感系数	基期销售额÷基期利润
单位变动成本的敏感系数	基期变动成本总额÷基期利润
固定成本的敏感系数	基期固定成本÷基期利润

【工作任务】

【业务 1】　某公司生产销售一种产品，单价为 50 元，单位变动成本为 30 元，固定成本为 60 000 元，计划销售量为 20 000 件。

要求：计算该公司销售量、销售单价、单位变动成本、固定成本的临界值。

步骤 1：计算利润。

全年利润＝20 000×(50－30)－60 000＝340 000（元）

步骤 2：计算销售量的临界值。

销售量的最小允许值＝60 000 ÷ （50－30）＝3 000（件）

即 3 000 件是某公司销售量的最小值，销售量小于 3 000 件就会发生亏损，完成计划销售量的 15％就可以实现盈亏平衡（保本）。

步骤 3：计算销售单价的临界值。

销售单价最小允许值＝60 000÷20 000＋30＝33（元）

单价不能低于 33 元，否则会面临亏损。

步骤 4：计算单位变动成本的临界值。

单位变动成本的最大允许值＝50－60 000÷20 000＝47（元）

单位变动成本的最高值为 47 元，超过最高值就会亏损。

步骤 5：计算固定成本的临界值。

固定成本的最大允许值＝50×20 000－30×20 000＝400 000（元）

固定成本的最高值为 400 000 元，超过最高值就会亏损。

【业务 2】 沿用上例资料，假设在原定的单价、单位变动成本、销售量和固定成本的基础上各增加 10%，通过计算各因素的敏感系数，分析哪个因素对利润影响较大。

步骤 1：计算基期利润。

基期利润＝（50－30）×20 000－60 000＝340 000（元）

步骤 2：计算销售量的敏感系数。

当销售量增加 10%时，

利润＝（50－30）×20 000×（1＋10%）－60 000＝380 000（元）

利润变动值的百分比＝（380 000－340 000）÷340 000×100%＝11.76%

销售量的敏感系数＝11.76%÷10%＝1.176

简化计算：销售量的敏感系数＝（50－30）×20 000÷340 000＝1.176

步骤 3：计算单价的敏感系数。

当单价增加 10%时，

利润＝［50×（1＋10%）－30］×20 000－60 000＝440 000（元）

利润变动百分比＝（440 000－340 000）÷340 000×100%＝29.41%

单价的敏感系数＝29.41%÷10%＝2.941

或　单价的敏感系数＝50×20 000÷340 000＝2.941

这就意味着单价变动 1%利润就会变动 2.941%，单价对利润的影响很大。同时，提价是提高盈利的最佳手段，降价也是企业的最大威胁。

步骤 4：计算单位变动成本的敏感系数。

当单位变动成本增加 10%时，

利润＝［50－30×（1＋10%）］×20 000－60 000＝280 000（元）

利润变动百分比＝（280 000－340 000）÷340 000×100%＝－17.65%

单位变动成本的敏感系数＝－17.65%÷10%＝－1.765

或　单位变动成本的敏感系数＝（－30×20 000）÷340 000＝－1.765

步骤 5：计算固定成本的敏感系数。

当固定成本增加 10%时，

利润＝（50－30）×20 000－60 000×（1＋10%）＝334 000（元）

利润变动百分比＝（334 000－340 000）÷340 000×100%＝－1.76%

固定成本的敏感系数＝－1.76%÷10%＝－0.176

或　固定成本的敏感系数＝（334 000－340 000）÷340 000＝－0.017 6

步骤 6：对各影响因素做出评价。

根据以上计算结果，将上述 4 个因素按其敏感系数绝对值的大小排序，其顺序依次是单价(2.941)、单位变动成本(－1.765)、销售量(1.176)和固定成本(－0.176)。其中敏感系数为正，表明该因素与利润同向变化；敏感系数为负，表明该因素与利润反向变动。其中单价对利润的影响很大，提价是提高盈利的最佳手段，降价也是企业的最大威胁。企业经营人员应特别关注单价和单位变动成本变动对利润影响这两个重要环节，并结合生产经营做出正确的经营决策。

【业务经验】

利润敏感性判断技巧

分析利润的敏感性是分析销售量、销售单价、单位变动成本和固定成本各因素变化对利润的影响程度，在这些因素中，有的因素微小的变化导致利润很大的变化，说明利润对该因素很敏感，该因素被称为敏感因素；而有的因素很大的变化但导致利润不大的变化，说明利润对该因素不敏感，该因素被称为不敏感因素。根据敏感性分析结果与企业实际经营情况相结合，以便于企业明确主攻方向和资源投入重点，以提升企业经营利润和长期竞争优势，当行业处于成长期时，企业往往会加大投入和扩充产品线，通过敏感性分析为企业的投资决策提供决策支持，减少投资失误，提高投资回报率。

【工作任务实施记录与评价】

1. 确定影响利润各因素的临界值

师傅指导记录	确定影响利润各因素的临界值评价	评价成绩
		年　月　日

2. 敏感系数计算与分析

师傅指导记录	敏感系数计算与分析评价	评价成绩
		年　月　日

3. 学徒关键职业能力及职业品质、工匠精神评价

项目	A	B	C	D
工作态度				
吃苦耐劳				
团队协作				
沟通交流				
学习钻研				
认真负责				
诚实守信				

4. 学徒工作任务记录（完成后附在此处）

任务六　经营杠杆分析

在师傅的指导和带领下，熟知经营杠杆的含义以及经营杠杆系数的计算，并结合企业资料进行经营杠杆分析，预测未来年度的经营杠杆系数。

【任务目标与质量要求】

理解经营杠杆系数的含义，熟练掌握经营杠杆系数计算公式。能够熟练运用公式计算经营杠杆系数。

【学习产出目标】

1. 根据企业生产资料，能够正确计算经营杠杆系数，并对企业经营风险进行评价；

2. 根据企业生产资料，能够正确计算经营杠杆系数，并对未来年度的企业经营杠杆系数进行预测。

【工作程序与方法要求】

● 计算经营杠杆系数	根据企业的成本资料，计算出经营杠杆系数，并对企业经营风险进行评价	要求：正确计算经营杠杆系数
● 预测经营杠杆系数	根据企业的成本资料，计算出经营杠杆系数，并根据公式对未来年度的企业经营杠杆系数进行预测	要求：正确预测企业经营杠杆系数

【业务知识】

1. 经营杠杆的含义

由于企业存在固定成本而出现的只要在销售上有较小幅度的变动就会引起利润上有较大幅度的变动（即利润变动率大于业务量变动率）的现象，称为经营杠杆。

2. 经营杠杆系数

利润变动率相当于业务量变动率的倍数，称为经营杠杆系数

$$经营杠杆系数=\frac{\Delta E/E}{\Delta S/S}$$

式中：E 为基期利润，S 为基期销售量（额）；ΔE 为利润变动额，ΔS 为销售变动额。

经营杠杆系数的本质是销售量增减变动 1 倍，利润变动几倍；经营杠杆系数越高，企业风险越大。

经营杠杆系数的简便计算公式：

$$经营杠杆系数=基期贡献边际\div基期利润$$

3. 经营杠杆的用途

（1）反映企业的经营风险。

$$利润变动率=销售变动率\times经营杠杆系数$$

经营杠杆系数越大，风险越大；固定成本越大，经营杠杆系数越大；销量越小，经营杠杆系数越大。

（2）帮助企业管理当局进行科学的利润预测。

$$计划期利润=基期利润\times（1+销售量变动率\times经营杠杆系数）$$

（3）帮助企业管理当局做出经营决策。销量好，资本密集方式；销量差，人员密集方式。

4. 本量利分析在企业经营实践中的作用

（1）接受订货的决策。企业经营实践中，在本企业生产能力允许的范围内，可以运用本量利分析的方法，权衡接受订货的利弊，做出是否接受订货的决策。

（2）新产品投产的决策。企业经营实践中，还经常通过预测和分析新产品的成本、价格和销售量，利用本量利分析的方法，做出新产品是否投产的决策。

（3）设备更新的决策。本量利分析还可用于设备更新决策。一方面，设备更新会增加固定成本，从而提高保本点，减少利润；但另一方面，设备更新会提高生产效率，降低单位变动成本，从而降低保本点，增加利润。此外，设备更新还有可能导致产品产量和价格的提高，使利润增加。企业是否要更新设备，还要运用本量利分析法，进行具体分析。

【工作任务】

【业务1】 A公司和B公司分别生产同一种产品，有关资料见表3-4-4。

表3-4-4 A公司和B公司资料

公司	销售量/件	销售单价/元	固定成本总额/元	单位变动成本/元
A	1 000	100	30 000	60
B	1 000	100	60 000	30
A—人工密集型			B—资本密集型	

要求：计算当销售量增加300件（30%）时，A、B公司的经营杠杆系数。

步骤1：根据企业生产资料计算A、B公司的营业利润。

计算结果如表3-4-5所示。

表3-4-5 A、B公司的营业利润

项目	A公司	与销售收入的比值	B公司	与销售收入的比值
销售收入/元	100 000	100%	100 000	100%
减：变动成本/元	60 000	60%	30 000	30%
边际贡献/元	40 000	40%	70 000	70%
减：固定成本/元	30 000		60 000	
营业利润/元	10 000		10 000	

步骤2：计算A、B公司的营业利润变动。

计算结果如表3-4-6所示。

表3-4-6 A、B公司的营业利润变动

项目	A公司	B公司
销售收入/元	130 000	130 000
减：变动成本/元	78 000	39 000
边际贡献/元	52 000	91 000
减：固定成本/元	30 000	60 000
营业利润/元	22 000	21 000
增长率/%	120	210

步骤3：根据公式计算A、B公司的经营杠杆系数。

A公司经营杠杆系数＝120%÷30%＝4

B公司经营杠杆系数＝210%÷30%＝7

步骤4：经营风险评价。

通过计算结果可知B公司的经营杠杆系数远高于A公司的经营杠杆系数，说明B公司的经营风险大于A公司。

【业务2】 某企业连续3年的有关资料如表3-4-7所示。

表3-4-7 企业3年成本资料 元

项目	第一年	第二年	第三年
单位边际贡献	40	40	40
销售量	1 000	2 000	3 000
边际贡献	40 000	80 000	120 000
固定成本	30 000	30 000	30 000
利润	10 000	50 000	90 000

要求：计算第二年和第三年的经营杠杆系数，并预测第四年的经营杠杆系数。

步骤1：计算第二年利润变动率和销售量变动率。

第二年利润变动率＝（50 000－10 000）÷10 000×100%＝400%

第二年销售量变动率＝（2 000－1 000）÷1 000×100%＝100%

步骤2：计算第三年利润变动率和销售量变动率。

第三年利润变动率＝（90 000－50 000）÷50 000×100%＝80%

第三年销售量变动率＝（3 000－2 000）÷2000×100%＝50%

步骤3：计算第二年、第三年经营杠杆系数。

第二年的经营杠杆系数＝400%÷100%＝4

或 第二年的经营杠杆系数＝40 000÷10 000＝4

第三年的经营杠杆系数＝80%÷50%＝1.6

或 第三年的经营杠杆系数＝80 000÷50 000＝1.6

步骤4：根据公式预测第四年的经营杠杆系数。

预测第四年的经营杠杆系数＝120 000÷90 000＝1.33

【业务3】 某公司生产甲产品，最大生产能力为10 000件，计划期预计产销量为7 000件，单位产品售价50元，单位变动成本30元，固定成本130 000元。现又有一客户提出以40元的价格订货2 000件。公司是否应该接受这批订货？

要求：分析接受追加订货对销售和利润的影响（表3-4-8）。

表3-4-8 接受追加订货对销售和利润的影响 元

项目	原产销计划	追加订货	合计
销售收入	350 000	80 000	430 000
变动成本	210 000	60 000	270 000
边际贡献	140 000	20 000	160 000
固定成本	130 000		130 000
利润	10 000	20 000	30 000

由于接受追加订货后产销量合计为 9 000 件，不会超出公司的最大生产能力，所以接受订货可以利用公司闲置的生产能力，不必追加固定成本。

接受这批订货可以使公司获得 20 000 元的利润。因为，尽管追加订货的价格 40 元低于产品的单位生产成本 44.44 元（30＋130 000÷9 000），但由于追加订货的数量没有超出公司现有的生产能力，因而不会增加固定成本，只要追加订货的单位产品售价高于单位变动成本，增加的边际贡献就可以使利润相应增加。本例中，追加订货的单位边际贡献为 40－30＝10（元），因此追加 2 000 件的订货，可以使利润增加 20 000 元。因此，公司应该接受这批订货。

【业务 4】 （1）某公司拟投产一种新产品。投产该产品需购置一台新设备，预计每年发生折旧费、保险费等相关固定成本共计 100 000 元。预计该产品单位产品售价 25 元，单位变动成本 10 元，年产销量为 7 500 件。问公司是否应该投产该产品？

分析：保本点销售量＝固定成本÷（单价－单位变动成本）

＝100 000÷（25－10）＝6 667（件）

如果公司生产和销售该产品的目标利润为 20 000 元，是否应该投产呢？

实现目标利润的销售量＝（固定成本＋目标利润）÷单位边际贡献

＝（100 000＋20 000）÷（25－10）＝8 000（件）

可见，该产品的销售量必须要达到 8 000 件才能实现目标利润。由于预计该产品的年销售量为 7 500 件，尽管可以带来盈利，但不能达到公司确定的目标利润，所以不能投该产品。

（2）假设该公司准备利用剩余生产能力开发新产品，固定成本总额为 16 000 元。有甲、乙两种产品可供选择，生产甲产品的年产销量为 1 000 件，乙产品的年产销量为 1 500 件。甲产品单位售价为 60 元，单位变动成本为 40 元。乙产品单位售价为 40 元，单位变动成本为 25 元。请问某公司是否应该投产新产品？如果投产的话，应该投产哪种产品？

分析：甲产品保本点销售量＝16 000÷（60－40）＝8 000（件）

乙产品保本点销售量＝16 000÷（40－25）＝1 067（件）

由于某公司生产甲产品的年产销量为 1000 件，小于甲产品保本点销售量 8 000 件，所以不应该投产甲产品。而投产乙产品的年产销量为 1 500 件，大于乙产品保本点销售量 1 067 件，即说明投产乙产品企业是可以实现盈利的，因此，应该投产乙产品。

【业务 5】 某公司只生产和销售一种产品。目前公司年产销量为 10 000 件，单位产品售价 150 元，单位变动成本 50 元，固定成本 750 000 元。公司拟更新设备，预计设备更新后年固定成本增加 50 000 元，单位变动成本降低 15 元。问该公司是否应更新设备？

分析：更新设备和使用旧设备的销售和利润情况见表 3-4-9。根据计算，更新设备后利润有明显提高，因此应更新设备。

表 3-4-9　更新设备销售和利润

项目	使用旧设备	更新设备
单位产品售价/元	150	150
单位变动成本/元	50	35
单位边际贡献/元	100	115
固定成本/元	750 000	800 000
保本点销售量/件	7 500	6 957
保本点销售额/元	1 125 000	1 043 550
利润/元	250 000	350 000

【业务 6】　某公司只生产和销售一种产品，单价为 10 元，单位变动成本为 6 元，全月固定成本为 3 000 元，每月销售 2 000 件，为增加利润，该公司经过测算提出如下两个方案：

方案一：降低售价 0.5 元，销量可望增加 35%；

方案二：不降低售价而增加广告费 500 元，销量可望增加 20%。

试问哪个方案较为有利？

步骤 1：计算原方案利润。

利润＝（10－6）×2 000－3 000＝5 000（元）

步骤 2：计算方案一的利润。

单价＝10－0.5＝9.5（元）

销量＝2 000×（1＋35%）＝2 700（件）

利润＝（9.5－6）×2 700－3 000＝6 450（元）

步骤 3：计算方案二的利润。

固定成本＝3 000＋500＝3 500（元）

销量＝2 000×（1＋20%）＝2 400（件）

利润＝（10－6）×2 400－3 500＝6 100（元）

可知，方案一的利润大于原方案及方案二的利润，因此方案一是最有利的。

【业务经验】

1. 影响经营杠杆系数的因素

影响经营杠杆系数大小的因素除了固定成本和营业总额（产销量）以外，还有其他许多因素，主要有以下几点：

(1) 产品供求的变动。产品供求关系变动，使产品售价和变动成本都可能发生变动，从而对经营杠杆系数产生影响。

（2）产品售价的变动。在其他因素不变的条件下，产品售价的变动将会影响经营杠杆系数。当其他条件不变，产品售价上升，经营杠杆系数会下降，因此，企业可以通过提高产品售价来降低营业风险。

（3）单位产品变动成本的变动。在其他因素不变的条件下，单位产品变动成本额或变动成本率的变动也会影响经营杠杆系数。当其他条件不变，单位产品变动成本额或变动成本率下降，经营杠杆系数也会下降。因此，企业可以通过降低单位产品变动成本或变动成本来降低经营风险。

（4）固定成本总额的变动。在一定的产销规模内，固定成本总额相对保持不变。如果产销规模超过一定限度，固定成本总额也会发生一定的变动。

2. 本量利分析应用案例

某高校的小张、小王、小李几个人正在筹划一个创业项目，该项目是主要以“互联网＋”为基础的新型餐饮模式，店铺主要开在一线城市的二类地区，主要面向城市的白领人群。

有了这个想法以后，他们就开始准备写创业计划书，计划书里有财务核算部分，里面包括成本核算和利润核算等内容，只有这部分写清楚了，才能在外部争取更多的投资机会。

根据店铺基本情况，需要计算的是店铺的日流量和月经营额。

（1）总共有 7 个烹饪区域，每个区域的烹饪时间最小单位为 1 小时。

（2）店铺每天开店时间是早上 7 点到晚上 10 点，每天每区域的烹饪可用时间应该为 15 小时，按照 80％上桌率计算，为 12 小时。

（3）全店共有 7 个烹饪区域，那每天的店铺使用总时间即 12×7＝84 小时。

（4）按照每小时 35 元的使用收入进行计算即 35×84＝2 940 元。

（5）按每月 30 天计算，即 2 940×30＝88 200 元的收入。

当然这还是他们的初步设想。随后，他们 3 个人分头去搜集数据，并形成了表 3-4-10。

表中的数据是通过市场调研得出的，这些数据直接构成产品原始成本。我们按照 80％的菜品毛利率来计算，为 3 099×1.8＝5 578.2 元，在进行计算时需要把这些数据归类到变动成本里。

表 3-4-11 是固定生产设备的相关数据，表中主要是折旧的金额计算，月折旧率是按照年折旧率折算出来的。

那么，这些费用就应该归类到固定成本里。

接下来，我们再看月销售和管理费用的金额（注意这是第一个月的费用）。

表 3-4-10　月原料需求及进价

名称	数量	单价/元	价格/元
青菜/千克	50	2	200
白萝卜/千克	15	2	60
鸡蛋/千克	50	4	400
牛奶/千克	50	12	600
精粉/千克	15	2.5	75
花生油/升	20	10	200
粳米/千克	15	2.8	84
肉/千克	15	25	750
鲫鱼/千克	10	7	140
鲢鱼/千克	10	7.5	150
草鱼/千克	10	7	140
青鱼/千克	10	15	300
合计			3 099

表 3-4-11　计提折旧计算

项目	原值/元	月折旧率/%	月折旧金额/元	备注
生产工具和设备	300 000	0.79	2 256	
办公家具	100 000	1.58	1 504	
电子设备	50 000	2.64	1 253	电脑、打印机
合计	450 000	—	5 013	

根据表 3-4-12 分析主要的费用：销售费用的宣传推广费是一个月的宣传费用。场地租金 20 833 元，是按照年租金 25 万计算得来的。员工薪酬 12 000 元，为 2 个或者 3 个员工的薪资。

表 3-4-12　月销售和管理费用的金额

类别	科目	金额/元
销售费用	宣传推广费用	3 000
管理费用	场地租金	20 833
	员工薪酬	12 000
	办公用品及耗材	200
	水、电、交通差旅费	1 500
	其他	
财务费用	利息	1 500

按照这些费用的性质，我们可以比较轻松的区分出，这些费用是每个月的固定成本费用。

综合来看：月原材料采购成本应该为变动性的成本，直接构成产品的主要材料的部分。固定资产的相关折旧费用应该被归类为固定成本。销售和管理费用也应该归类为固定成本。

最后，我们要进行数据归类，并制作费用明细表（表 3-4-13）。

表 3-4-13　费用明细

成本种类	成本名称	金额/元	占比/%
固定成本（折旧）	生产工具和设备	2 256	4.79
固定成本（折旧）	办公家具	1 504	3.19
固定成本（折旧）	电子设备	1 253	2.66
固定成本销售费用	宣传推广费	3 000	6.36
固定管理费用	场地租金	20 833	44.19
固定管理费用	员工薪酬	12 000	25.45
固定管理费用	办公用品及耗材	200	0.42
固定管理费用	水、电、交通差旅费	1 500	3.18
固定财务费用	利息费	1 500	3.18
变动成本（材料）	蔬菜食材等	3 099	6.57
合计		47 145	100

从表 3-4-13 可以看出，对于传统餐饮行业的成本费用，占比前两位分别为场地租金和员工薪酬，分别占 44.19%和 25.45%。所以，如果要降低固定成本，就要降低租金和薪酬。

对于租金来说，积极地寻找合适的店铺加上良好的谈判策略，可以获得更满意的租金价格，但是不会比市场价低很多。而对于薪酬来说，降低的方法要不就是减少人数，要不就是降低工资，但减少人数会降低经营效率，降低工资会降低员工积极性。

综上所述，对于餐饮行业来说，高占比的租金和员工薪酬是现实存在的，那么就需要靠活跃的客户流量来摊平这些成本。

所以我们可以计算如下：

总的固定成本金额，每月为 44 046 元。

单位边际贡献分两个部分：一个部分是烹饪区域的租金 35 元/小时；一部分是菜品本身边际贡献，通过调查统计得出菜品本身的每小时单位边际贡献是 10 元，那么两者合计为 45 元/每小时。

保本的经营时间为 44 046÷45＝90 小时。

按照每天实际有效经营时间 12 小时来算，90÷12＝7.5，需要 7.5 天实现保本。

若按照每天有效经营时间 6 小时来算，需要 15 天实现保本。也就是说每月 30 天中，前 15 天保本，后 15 天盈利。

结合以上数据，分析净利润（表 3-4-14）。

表 3-4-14　净利润计算　　　元

项目		本期金额
一、主营业务收入		92 914.2
加：其他收入		
减：主营业务成本	生产/采购成本	2 619
税金及附加（按 5.5%计算）		5 110.28
变动销售费用	销售提成	
边际贡献率（%）＝（主营业务收入－主营业务成本－营业税金－销售提成）÷主营业务收入		
固定销售费用	宣传推广费	3 000
管理费用	场地租金	20 883
	员工薪酬	12 000
	办公用品及耗材	200
	水、电、交通差旅费	1 500
	固定资产折旧	5 013
	其他管理费用	
	利息支出	1 500
二、营业利润		41 138.92
减：所得税费用（按 25%计算）		10 284.73
三、净利润		30 854.19

如果按照这样的经营方式来做，预计的按照本量利分析以后的净利润为 30 854.19 元，保本天数 15 天，已经具有可行性。

【工作任务实施记录与评价】

1. 经营杠杆系数计算

师傅指导记录	经营杠杆系数计算准确性评价	评价成绩
		年　月　日

2. 经营杠杆分析

师傅指导记录	经营杠杆分析质量评价	评价成绩
		年 月 日

3. 学徒关键职业能力及职业品质、工匠精神评价

项目	A	B	C	D
工作态度				
吃苦耐劳				
团队协作				
沟通交流				
学习钻研				
认真负责				
诚实守信				

4. 学徒工作任务记录（完成后附在此处）

项目五
投资决策评价

在师傅指导下，熟知投资的概念和种类、项目投资计算期的构成和项目投资资金的构成，能够正确估算现金流量，掌握投资决策评价指标净现值和内含报酬率的计算与应用，针对特定问题灵活运用。

【项目目标与质量要求】

能够正确完成项目投资计算期和资金的计算、熟练并准确地应用直接法和间接法计算项目计算期内的现金流量，能够根据企业实际选择合适的投资评价方法，并且能够根据评价结论制定恰当的投资决策。树立正确的风险控制观念，了解国家的相关的方针政策，培养守法经营、合规经营的意识，守好职业底线。

【学习产出目标】

1. 能够准确应用直接法和间接法计算项目计算期内的现金流量；
2. 能够正确计算净现值，并且根据结果做出投资决策；
3. 能够正确计算内含报酬率，并且根据结果做出投资决策。

【工作程序与方法要求】

●选择项目投资决策方法	根据情况选择合适的方法，如净现值、净现值率、现值指数和内含报酬率法	要求：根据实际情况选择项目投资决策方法

●计算选用的项目投资决策指标	1. 投资利润率又称投资报酬率，是指项目投资方案的年平均利润额占投资总额的百分比。投资利润率＝年平均利润额÷投资总额×100％ 2. 投资回收期是指收回全部投资总额所需要的时间，分经营期年净现金流量相等和不等两种情况 3. 净现值＝未来各期净现金流量的总现值－初始投资额的现值 未来某期净现金流量的现值＝该期净现金流量×复利现值系数 4. 净现值率＝投资项目净现值÷原始投资现值×100％ 5. 现值指数＝经营期各年净现金流量的现值之和÷原始投资的现值之和或现值指数＝1＋净现值率 6. 内含报酬率，分经营期年净现金流量相等和不等两种情况	要求：准确计算项目投资决策指标
●判断投资方案是否可行	根据项目投资决策指标的计算结果，判断项目是否可行，或者选择更优的项目进行投资	要求：根据指标计算结果判断投资方案是否可行

【业务知识】

1. 投资和项目投资的概念

投资是指企业为了在未来获取收益或使资金增值，在一定时期内将财力投放于一定对象的经济活动。按投资期限分为短期投资和长期投资，按照投资行为的介入程度分为直接投资和间接投资，按照投资的方向不同可分为对内投资和对外投资。

项目投资是一种以特定建设项目为对象，直接与新建项目或更新改造项目有关的长期投资行为。通常包括固定资产投资、无形资产投资、其他资产投资和流动资产投资等内容。

2. 项目投资决策方法

在评价中，如果方案的收益大于成本，则该方案可取。如果几个方案的收益都大于成本，则应综合考虑企业各方面情况，慎重做出选择。

按照投资决策中是否考虑资金的时间价值可将决策方法分为非折现评价指标与折现评价指标。

非折现评价指标，指在计算过程中不考虑资金时间价值因素的指标，又称为静态指标，包括投资利润率、静态投资回收期。

折现评价指标，指在计算过程中充分考虑资金时间价值因素的指标，又称为动态指标，包括净现值、净现值率、现值指数和内含报酬率。

3. 投资程序

企业投资程序主要包括以下几步。

(1) 提出投资领域和投资对象。这需要把握良好投资机会，根据企业的长远发展战略、中长期投资计划和投资环境的变化来确定。

(2) 评价投资方案的财务可行性。在分析评价特定投资方案经济、技术可行性的基础上，需要进一步评价其是否具备财务可行性。

(3) 投资方案的比较与选择。在财务可行性评价的基础上，在多个可行方案中选优。

(4) 投资方案的执行。即投资行为的具体实施。

(5) 投资方案的再评价。在投资方案的执行过程中，一旦出现新的情况，就要随时根据变化做出调整以适应新的情况。

任务一　现金流量的估算

在师傅指导带领下，明确投资项目的计算期如何确定，计算原始总投资与投资总额，理解流量的含义和构成，熟知所得税和折旧对现金流量的影响，运用直接法和间接法计算现金流量。

【任务目标与质量要求】

明确投资项目的计算期，计算项目原始总投资与投资总额，分析本部门折旧对现金流量的影响，熟练并准确地应用直接法和间接法计算项目计算期内的现金流量。

【学习产出目标】

1. 能够准确计算原始总投资与投资总额；
2. 能够应用直接法和间接法计算项目计算期内的现金流量。

【工作程序与方法要求】

● 确定项目计算期	项目计算期是指投资项目从投资建设开始到最终清理结束整个过程的全部时间，用 n 表示。完整的项目计算期包括建设期和生产经营期，即 n＝建设期＋生产经营期	要求：准确计算项目计算期
● 计算原始总投资与投资总额	1. 原始总投资指企业为使项目达到完全设计生产能力并开展正常经营而投入的全部现实资金，包括建设投资和流动资金投资两项内容 2. 投资总额是一个反映项目整体价值的指标，数量上等于原始总投资与建设期资本化利息之和 3. 资本化利息是指在建设期所发生的与购建项目所需的固定资产、无形资产等长期资产有关的借款利息	要求：准确计算原始总投资与投资总额

● 计算现金流量

1. 现金流量的构成 2. 所得税和折旧对现金流量的影响 3. 现金流量的计算 （1）直接法 净现金流量＝销售收入＋固定资产残值收入＋投资收回额－原始投资额－付现成本－所得税 （2）间接法 净现金流量＝净利润＋折旧等非付现成本＋固定资产残值收入＋投资收回额－原始投资额

要求：熟练应用两种方法计算现金流量

【业务知识】

1. 现金流量的构成

从现金流量发生时间来看，现金流量包括初始现金流量、营业现金流量和终结现金流量三部分。

初始现金流量，即开始投资时发生的现金流量，一般包括初始投资、流动资产投资、其他投资费用和原有固定资产的变价收入四部分。

营业现金流量是指项目投产后，在其使用寿命期内，由于生产经营所带来的现金流入和现金流出的数量。

终结现金流量是指投资项目结束时所发生的现金流量。一般为现金流入，如设备变价收入、设备残值变价收入和原垫支流动资金的回收等。

2. 所得税对现金流量的影响

上缴企业所得税对企业来说是一种现金流出。因此，净现金流量又包括所得税前净现金流量和所得税后净现金流量两种形式。

（1）所得税前净现金流量不受融资方案和所得税政策变化的影响，是全面反映投资项目方案本身财务获利能力的基础数据。计算时，现金流出量的内容中不包括调整所得税因素。

（2）所得税后净现金流量则将所得税视为现金流出，可用于评价在考虑融资条件下项目投资对企业价值所做的贡献。

3. 折旧对现金流量的影响

折旧具有抵税作用。企业计提折旧会引起成本的增加，利润减少，从而使用所得税减少。折旧虽然是企业的成本，但不需要企业支付现金。因此，计提折旧会使企业实际少缴所得税，即减少了企业现金流出量，增加了净现金流量。

【工作任务】

企业新建一基建项目，需要固定资产投资 110 万元，建设期为两年，于建设起点分两年平均投入。流动资金投资 20 万元，于投产开始垫付。该项目经营期 10 年，固定资产按直线法计提折旧，期满净残值 10 万元；流动资金在项目终结时可一次全部收回。预计投产后，每年可获得 40 万元的营业收入，前 5 年发生 30 万元的营运成本，后 5 年发生 32 万元的营运成本（暂不考虑所得税因素）。该企业前 5 年每年的净利为 10 万元，后 5 年每年净利为 8 万元。要求分别用两种计算方法，计算该项目投资各年的净现金流量。

【解析】 通过编制现金流量表来计算各年度现金流量，如表 3-5-1（直接法）、表 3-5-2（间接法）所示。

年折旧额＝（110－10）÷10＝10（万元）

项目计算期＝2＋10＝12（年）

终结点回收额＝回收固定资产残值＋回收流动资金＝10＋20＝30（万元）

表 3-5-1 投资项目现金流量计算表（直接法）

项目	时间/年												合计
	1	2	3	4	5	6	7	8	9	10	11	12	
固定资产/万元	－55	－55										10	－100
流动资金/万元			－20									20	
营业收入/万元			40	40	40	40	40	40	40	40	40	40	400
营运成本/万元			－30	－30	－30	－30	－30	－32	－32	－32	－32	－32	－310
折旧/万元			10	10	10	10	10	10	10	10	10	10	100
净现金流量/万元	－55	－55	0	20	20	20	20	18	18	18	18	48	90

注：表中负值表示资金流出。

表 3-5-2 投资项目现金流量计算表（间接法）

项目	时间/年												合计
	1	2	3	4	5	6	7	8	9	10	11	12	
固定资产/万元	－55	－55										10	－100
流动资金/万元			－20									20	
净利润/万元			10	10	10	10	10	8	8	8	8	8	90
折旧/万元			10	10	10	10	10	10	10	10	10	10	100
净现金流量/万元	－55	－55	0	20	20	20	20	18	18	18	18	48	90

【业务经验】

1. 在进行投资项目决策时，要重点研究现金流量，而不是利润

其原因主要有两点：一是利润指标的确立是以权责发生制为基础的，将应收、应付项目业务列入了收入或费用，忽视了现金流动的时间因素；二是利润的计算受存货计价方式、折旧计提方式的影响，一定程度上受人为因素影响，不能全面反映投资项目的效益。

2. 确认项目的计算期技巧

建设期（s）的第一年初称为建设起点，建设期最后一年末被称为投产日；项目计算期的最后一年末称为终结点，从投产日至终结点之间的时间间隔被称为生产经营期（p），生产经营期包括试产期和达产期。项目计算期的构成如图 3-5-1 所示。

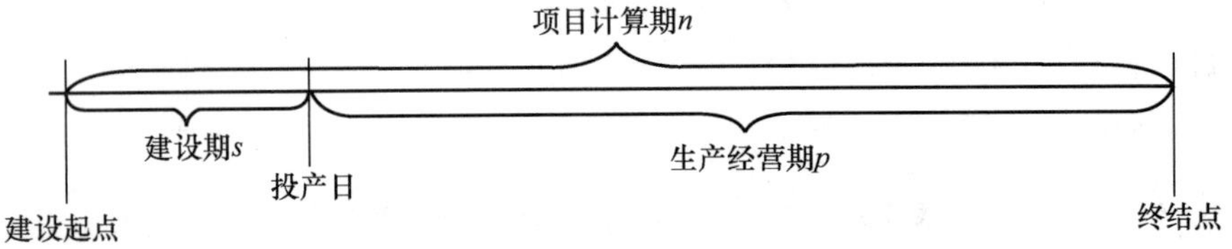

图 3-5-1　项目计算期

3. 以税后净利润为基础计算净现金流量时，要将折旧加回

固定资产的磨损是以折旧方式计入产品成本的，企业在计算利润时，已将成本费用扣除（含折旧）。产品销售后，折旧以现金的形式从销售收入中收回，不需要付现，而是留存于企业。所以，要在净利润的基础上将折旧加回。

【工作任务实施记录与评价】

1. 确定项目计算期

师傅指导记录	确定项目计算期质量评价	评价成绩
		年　月　日

2. 计算原始总投资与投资总额

师傅指导记录	计算准确性评价	评价成绩
		年　月　日

3. 计算现金流量

（1）直接法计算

时间/年	固定资产	流动资金	营业收入	营运成本	折旧	净现金流量
1						
2						
3						
⋮						
12						
计算准确率评价					评价成绩	
					时间	

（2）间接法计算

时间/年	固定资产	流动资金	净利润	折旧	净现金流量
1					
2					
3					
⋮					
12					
计算准确率评价				评价成绩	
				时间	

4. 学徒关键职业能力及职业品质、工匠精神评价

项目	A	B	C	D
工作态度				
吃苦耐劳				
团队协作				
沟通交流				
学习钻研				
认真负责				
诚实守信				

5. 学徒工作任务记录（完成后附在此处）

任务二　净现值法、现值指数法评价投资方案

在师傅指导带领下，知道净现值、现值指数如何计算，根据计算结果进行项目分析，判断项目投资的可行性，并做出选择。

【任务目标与质量要求】

正确计算投资项目的净现值、现值指数，能够运用净现值法和现值指数法进行项目投资决策。

【学习产出目标】

1. 能够正确计算净现值、现值指数；
2. 能够熟练利用净现值指标、现值指数指标对项目进行选择。

【工作程序与方法要求】

●确定净现金流量	根据投资项目信息，计算出项目的初始投资额和项目每期的净现金流量	要求：准确计算净现金流量
●计算项目净现值	1. 净现值＝未来各期净现金流量的总现值－初始投资额的现值未来某期净现金流量的现值＝该期净现金流量×复利现值系数 2. 净现值率＝投资项目净现值÷原始投资现值×100％ 3. 若净现值高的方案原始投资额远远超过其他方案，则计算现值指数	要求：准确计算净现值、现值指数

●判断投资项目方案是否可行	根据项目投资决策指标的结果，判断项目是否可行，或者选择更优的项目 ①净现值≥0 ②净现值率≥0 ③现值指数≥1	要求：根据指标计算结果判断是否可行

【业务知识】

1. 净现值的含义及其优点

净现值是指在项目计算期内，按行业基准收益率或设定折现率计算的各年净现金流量的现值和，再减去初始投资后的余额。净现值法是按净现值大小来评价方案优劣的一种方法。净现值大于零则方案可行，且净现值越大，方案越优，投资效益越好。

净现值法的优点是：考虑了资金的时间价值和项目计算期内的全部净现金流量，并考虑了投资的风险性，因为折现率的大小与风险有关，风险越大，折现率越大。但是，它不能反映投资项目的投资收益率水平，净现金流量和折现率的确定比较困难。当各方案的投资额不等时，不能够确定方案的优劣。

2. 净现值率的含义及计算方法

净现值率是投资项目的净现值与原始投资现值总额的百分比。它反映了项目投资期内每投入1元可以获得的净现值。若净现值率≥0，则该投资方案可行。投资额相同时，净现值率越大的方案越好。其计算公式如下：

净现值率＝投资项目净现值÷原始投资现值×100%

净现值率是一种动态投资收益指标，用于衡量不同投资方案的获利能力大小，说明某项目单位投资现值所能实现的净现值大小。净现值率小，单位投资的收益就低，净现值率大，单位投资的收益就高。

3. 现值指数法

现值指数法也称现值比率、获利指数，指未来现金流入现值与现金流出的比率。此方法便于在投资额不同的方案中进行比较。

现值指数＝未来现金净流量现值÷原始投资额现值

使用现值指数法的决策规则：如果投资项目的现值指数大于或等于1，表明该投资项目的投资报酬率高于或等于预定的贴现率，该项目可以接受；如果投资方案的现值指数小于1，表明该投资项目的投资报酬率低于预定的贴现率，该项目则不可以接受。在多个备选项目的互斥选择中，应接受现值指数大于1且最大的投资项目。

【工作任务】

【业务1】 某企业准备投资300 000元。有A、B两个方案可供选择，年初一次性投资。经营期资料如表 3-5-3 所示。B 方案终结时残值为 10 000 元，A 方案无残值，暂不考虑税费。若最低收益率为 10%，假设建设期为 0，即年初一次性投资并于当年投产运营。

要求：计算 A、B 两个方案的净现值，并选择最优方案。

表 3-5-3　A、B 两个方案基本资料　　元

时间/年	A 方案		B 方案	
	年净利	年折旧额	年净利	年折旧额
1	26 000	60 000	10 000	58 000
2	26 000	60 000	16 000	58 000
3	26 000	60 000	22 000	58 000
4	26 000	60 000	28 000	58 000
5	26 000	60 000	34 000	58 000

1. 净现值法

(1) 先分别计算两个方案的累计净现金流量，具体如表 3-5-4 所示。

表 3-5-4　A、B 两个方案累计净现金流量计算表　　万元

项目	A 方案						B 方案					
时间/年	1	2	3	4	5	6	1	2	3	4	5	6
投资	−30						−30					1
净利润		2.6	2.6	2.6	2.6	2.6		1	1.6	2.2	2.8	3.4
折旧		6	6	6	6	6		5.8	5.8	5.8	5.8	5.8
净现金流量	−30	8.6	8.6	8.6	8.6	8.6	−30	6.8	7.4	8	8.6	10.2
累计净现金流量	−30	−21.4	−12.8	−4.2	4.4	13	−30	−23.2	−15.8	−7.8	0.8	11

(2) A 方案实施 1～5 年每年净现金流量为 8.6 万元，可利用年金现值系数计算如下：

A 方案净现值 $=8.6\times(P/A, 10\%, 5)-30=8.6\times3.7908-30=2.6009$（万元）

B 方案净现值 $=6.8\times(P/F, 10\%, 1)+7.4\times(P/F, 10\%, 2)+8\times(P/F, 10\%, 3)+8.6\times(P/F, 10\%, 4)+10.2\times(P/F, 10\%, 5)-30$

$=6.8\times0.9091+7.4\times0.8264+8\times0.7513+8.6\times0.683+10.2\times0.6209-30$

$=-0.7271$（万元）

(3) 计算结果表明，A 方案优于 B 方案，同时，由于 B 方案净现值为负数，说明

项目投资的收益率低于10%，是不可行的。

净现值≥0的方案为可行方案，如果几个方案的投资额相等，且净现值都是正数，则净现值最大的方案为最优方案。

2. 净现值率法

方案A的净现值率＝2.600 9÷30×100%＝8.7%

方案B的净现值率＝－0.727 1÷30×100%＝－2.42%＜0，所以，B方案不可行。

若净现值率≥0，则该投资方案可行。投资额相同时，净现值率越大的方案越好。

【业务2】 有两个独立投资方案，有关资料如表3-5-5所示。

表3-5-5 A、B投资方案资料 万元

项目	方案A	方案B
原始投资额现值	40 000	20 000
未来现金流量现值	45 859.4	24 965.3
净现值	5 859.4	4 965.3

要求：评价两种投资方案的优劣。

从净现值的绝对数来看，方案A大于方案B，应采用方案A；但从投资额来看，方案A的原始投资额现大大超过了方案B。所以，在这种情况下，如果仅用净现值来判断方案的优劣，就难以做出正确的比较和评价。按现值指数法计算：

A方案现值指数＝45 859.4÷40 000＝1.15

B方案现值指数＝24 965.3÷20 000＝1.25

由此可看出B方案较好。

【业务经验】

1. 净现值法的使用技巧

在只有一个备选方案的采纳与否决决策中，净现值为正值则采纳，净现值为负值则不采纳。在有多个备选方案的互斥选择决策中，应选用净现值是正值中的最大者。

净现值率是相对值指标，可反映出资金投入与净产出之间的关系，比其他动态相对数指标更易计算，便于在投资额不等的情况下进行不同方案的比较。但仍不能反映投资项目的实际投资收益率水平。

2. 净现值、净现值率、现值指数之间的关系

在评价单一投资项目时，折现评价指标净现值、净现值率、现值指数之间总体方向是一致的，即当净现值＞0时，必然存在净现值率＞0、现值指数＞1；当净现值＝0时，必然存在净现值率＝0、现值指数＝1；当净现值＜0时，必然存在净现值率＜0、现值指数＜1。

【工作任务实施记录与评价】

1. 选择项目投资决策方法

师傅指导记录	项目投资决策方法选择质量评价	评价成绩
		年　月　日

2. 计算项目投资决策指标

（1）净现值的计算

师傅指导记录	计算准确性评价	评价成绩
		年　月　日

（2）净现值率的计算

师傅指导记录	计算准确性评价	评价成绩
		年　月　日

（3）现值指数的计算

师傅指导记录	计算准确性评价	评价成绩
		年　月　日

3. 判断项目可行性及投资项目选择

师傅指导记录	判断和选择准确性评价	评价成绩
		   年　月　日

4. 学徒关键职业能力及职业品质、工匠精神评价

项目	A	B	C	D
工作态度				
吃苦耐劳				
团队协作				
沟通交流				
学习钻研				
认真负责				
诚实守信				

5. 学徒工作任务记录（完成后附在此处）

任务三　内含报酬率法评价投资方案

在师傅指导带领下，知道内含报酬率如何计算，并且根据计算结果进行项目分析，判断项目投资的可行性，做出选择。

【任务目标与质量要求】

正确计算投资项目的内含报酬率，能够运用内含报酬率法进行项目投资决策。

【学习产出目标】

1. 能够正确计算内含报酬率；
2. 能够熟练地利用内含报酬率指标对项目进行选择。

【工作程序与方法要求】

●确定计算方法	判断投资项目的经营期年净现金流量是否相等，从而判断选择哪种方法进行内含报酬率的计算	要求：准确判断

●计算项目内含报酬率	1. 内部收益率又称内含报酬率，分经营期年净现金流量相等和不等两种情况 2. 内部收益率$=i_1+(i_2-i_1)\times\left(\frac{\text{计算出的现值系数}-i_1\text{对应的系数值}}{i_2\text{对应的系数值}-i_1\text{对应的系数值}}\right)$	要求：准确计算内涵报酬率
●判断投资项目方案是否可行	根据项目投资决策指标的计算结果，判断项目是否可行，或者选择更优的项目 内部收益率≥基准投资收益率	要求：根据指标计算结果判断项目是否可行

【业务知识】

1. 内含报酬率的含义及其特点

内含报酬率（IRR），是指项目投资实际可望达到的报酬率，即使投资项目的净现值为0时的报酬率。该指标大于等于行业基准折现率时，投资项目具有财务可行性。

内含报酬率法的优点是：能从动态的角度直接反映投资项目的实际收益率水平，计算过程不受行业基准折现率的影响，比较客观。但在手工计算环境下，需按照一般方法逐次测试，导致该指标的计算过程十分麻烦。

2. 内含报酬率的计算

（1）如果经营期年净现金流量相等，则按下列步骤计算。

①计算年金现值系数。

年金现值系数＝初始投资额÷每年净现金流量

②查年金现值系数表，在相同的期数内，找出与计算结果相同的系数，其对应的折现率即为内含报酬率。

③如果没有相同的系数，则找出相近的一大一小两个系数及其对应的折现率（较大折现率为i_2，较小折现率为i_1），用插入法计算内含报酬率。其计算公式为

$$\text{内含报酬率}=i_1+(i_2-i_1)\times\left(\frac{\text{计算出的现值系数}-i_1\text{对应的系数值}}{i_2\text{对应的系数值}-i_1\text{对应的系数值}}\right)$$

（2）如果经营期年净现金流量不相等，则按下列步骤计算。

①估计一个折现率，并按此折现率计算投资方案的净现值。如果计算出的净现值为正数，则说明估计的折现率低于该投资项目实际内含报酬率，应提高折现率再进行测试；如果计算出的净现值为负数，则说明估计的折现率高于该投资项目实际内含报酬率，应降低折现率再进行测试。经过如此反复的测算，找到净现值由正到负并且接近于零的两个折现率。

②如果某次测算的净现值刚好为零，则估计的折现率即为该投资项目的内含报酬率。

③如果测算的净现值不为零，则利用已找到的两个邻近的折现率，采用插入法计算内含报酬率。

【工作任务】

某企业准备投资300 000元。有A、B两个方案可供选择，年初一次性投资。经营期资料如表3-5-6所示。B方案终结时残值为10 000元，A方案无残值，暂不考虑税费。若最低收益率为10%，假设建设期为0，即年初一次性投资并于当年投产运营。试计算A、B两个方案的净现值，并选优。

表3-5-6　A、B两个方案基本资料

时间/年	A方案/万元		B方案/万元	
	年净利	年折旧额	年净利	年折旧额
1	26 000	60 000	10 000	58 000
2	26 000	60 000	16 000	58 000
3	26 000	60 000	22 000	58 000
4	26 000	60 000	28 000	58 000
5	26 000	60 000	34 000	58 000

（1）先分别计算三个方案的累计净现金流量，具体如表3-5-7所示。

表3-5-7　A、B两个方案累计净现金流量计算

时间/年	A方案/万元						B方案/万元					
	1	2	3	4	5	6	1	2	3	4	5	6
投资	−30						−30					1
净利润		2.6	2.6	2.6	2.6	2.6		1	1.6	2.2	2.8	3.4
折旧		6	6	6	6	6		5.8	5.8	5.8	5.8	5.8
净现金流量	−30	8.6	8.6	8.6	8.6	8.6	−30	6.8	7.4	8	8.6	10.2
累计净现金流量	−30	−21.4	−12.8	−4.2	4.4	13	−30	−23.2	−15.8	−7.8	0.8	11

可知，方案A的经营期年净现金流量相等，方案B的经营期年净现金流量不相等。

（2）方案A的内含报酬率计算方法。

$$年金现值系数=30\div 8.6=3.488\ 4$$

项目计算期为5年。查年金现值系数表，在期数为5的一行上无法找到确切的3.488 4，可以找到3.604 8和3.433 1，其对应的折现率分别为12%（i_1）和14%（i_2）。A方案的内含报酬率，应在12%～14%，计算如下：

$$内含报酬率=12\%+2\%\times\frac{3.488\ 4-3.604\ 8}{3.433\ 1-3.604\ 8}=13.36\%$$

（3）方案 B 的内含报酬率计算方法。

①找出邻近的两个折现率。

从前例的计算中得出，折现率为 10%时，B 方案净现值＝－0.727 1（万元）。说明 B 方案的内含报酬率高于 10%，应降低折现率，再进行测算。

以折现率 9%再次测算 B 方案净现值，计算如下：

B 方案净现值＝6.8×（P/F，9%，1）＋7.4×（P/F，9%，2）＋8×（P/F，9%，3）＋8.6×（P/F，9%，4）＋10.2×（P/F，9%，5）－30

＝6.8×0.917 4＋7.4×0.841 7＋8×0.772 2＋8.6×0.708 4＋10.2×0.649 9－30

＝6.238 3＋6.228 6＋6.177 6＋6.092 2＋6.629－30

＝1.365 7（万元）

当折现率为 9%时，B 方案的净现值＞0，说明 9%低于了 B 方案的内含报酬率。因此，B 方案的内含报酬率在 9%～10%。

②用插入法求 B 方案的内含报酬率。

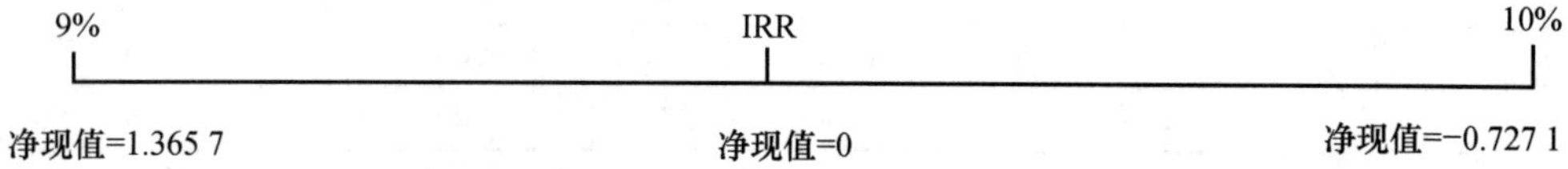

$$\text{内含报酬率}=9\%+(10\%-9\%)\times\left(\frac{0-1.365\ 7}{-0.727\ 1-1.365\ 7}\right)$$
$$=9.65\%$$

【业务经验】

1. 独立方案投资决策判断技巧

（1）投资项目完全具备财务可行性，应当接受此投资方案。投资项目不具备财务可行性，应当放弃此投资方案。

（2）当静态投资回收期等非折现评价指标的评价结论与折现评价指标发生矛盾时，应当以折现评价指标的评价结论为准。

（3）利用净现值、净现值率、现值指数和内含报酬率指标对同一个独立项目进行评价，会得出完全相同的结论。

2. 互斥方案投资决策判断技巧

（1）投资额、项目计算期均相等的互斥方案，应当选择净现值或内含报酬率最大的方案。

（2）投资额不相同，但项目计算期相等的互斥方案，应选择净现值率、现值指数或内含报酬率最大的方案。

（3）投资额、项目计算期均不同的互斥方案，应当选择内含报酬率最大的方案。

3. 更新改造项目决策技巧

（1）差额分析法。当新旧设备使用期限相同时，可直接用净现值的差额进行分析，当差额净现值为正，则应更新设备；反之，则不应更新设备。当其使用期限不同时，应采用差额投资内含报酬率法。

（2）年等额净回收额法。该法适用于原始投资不同，且项目计算期不等的多方案决策，年等额净回收额最大的方案最优。

【工作任务实施记录与评价】

1. 内含报酬率的计算

师傅指导记录	计算的准确性评价	评价成绩
		年　月　日

2. 项目可行性分析

师傅指导记录	项目可行性质量评价	评价成绩
		年　月　日

3. 做出项目投资决策

师傅指导记录	决策的准确性评价	评价成绩
		年　月　日

4. 学徒关键职业能力及职业品质、工匠精神评价

项目	A	B	C	D
工作态度				
吃苦耐劳				
团队协作				
沟通交流				
学习钻研				
认真负责				
诚实守信				

5. 学徒工作任务记录（完成后附在此处）

项目六
绩效评价

在师傅指导带领下，了解绩效管理的定义，知道绩效管理的原则，掌握绩效管理工具及一般程序。

【项目目标与质量要求】

了解绩效管理的定义；知道绩效管理的原则；掌握绩效管理工具（关键绩效指标法、经济增加值法、平衡记分卡）；熟悉绩效管理的一般程序，会进行绩效评价；做事客观公正，公平合理，不徇私舞弊。

【学习产出目标】

1. 会制定关键绩效指标体系，并用关键绩效指标法进行绩效评价；
2. 会用经济增加值法进行绩效评价；
3. 会用平衡记分卡进行绩效评价。

【业务知识】

1. 绩效管理是指企业与所属单位（部门）、员工之间就绩效目标及如何实现绩效目标达成共识，并帮助和激励员工取得优异绩效，从而实现企业目标的管理过程。

2. 绩效管理的核心是绩效评价与激励管理。

3. 绩效管理原则包括战略导向原则、科学有效原则、客观公正原则、规范统一原则。

4. 绩效管理的工具方法有关键绩效指标法、经济增加值法、平衡记分卡。

5. 绩效管理的一般程序：制订绩效计划与激励计划、执行绩效计划与激励计划、实施绩效评价与激励、编制绩效评价与激励管理报告。

任务一　关键绩效指标法绩效评价

【任务目标与质量要求】

了解关键绩效指标体系的制定程序，选取关键指标，确定权重及目标值，进行绩效评价。

【学习产出目标】

能够正确选取关键指标，确定权重及目标值，并进行绩效评价。

【工作程序与方法要求】

步骤	内容	要求
●选取关键绩效指标	根据企业业务的重点,也就是企业价值评估的重点,找出关键业务领域的关键绩效指标。对于一个企业,可以分三个层次来制定关键绩效指标体系:第一,企业级关键绩效指标;第二,所属单位(部门)级关键绩效指标;第三,岗位(员工)级关键绩效指标	要求：正确选择关键绩效指标
●确定权重	根据企业业务重点，选择使用德尔菲法（也称专家调查法）、层次分析法、主成分分析法或均方差法对关键指标确定权重，单项关键绩效指标权重在5%～30%	要求：准确制定关键绩效指标权重
●确定目标值	企业确定关键绩效指标目标值，一般参考如下标准： （1）参考国家有关部门或权威机构发布的行业标准或参考竞争对手标准 （2）参照企业内部标准 （3）如果不能按照前面两种方法确定的，可以根据企业历史经验值确定	要求：准确制定关键绩效指标目标值
●绩效评价	根据结果和目标值进行客观公正的评价	要求：客观公正评价

【业务知识】

1. 关键绩效指标法的概念

关键绩效指标法是指基于企业战略目标，通过建立关键绩效指标（key performance indicator，KPI）体系，将价值创造活动与战略规划目标有效联系，并据此进行绩效管理的方法。关键绩效指标法是把对绩效的评估简化为对几个关键指标的考核，将关键指标当作评估标准，把员工的绩效与关键指标做比较的评估方法，在一定程度上可以说其是目标管理法与帕累托法则的有效结合。

关键绩效指标是对企业绩效产生关键影响力的指标，是通过对企业战略目标、关键成果领域的绩效特征分析，识别和提炼出的最能有效驱动企业价值创造的指标。

2. 关键绩效指标的类型

结果类指标：投资回报率、净资产收益率、经济增加值、营业利润、自由现金流等综合指标。

动因类指标：资本性支出、单位生产成本、产量、销量、客户满意度、员工满意度。

3. 关键指标选取原则

关键指标必须符合 SMART 原则：具体性（specific）、可衡量性（measurable）、可达性（attainable）、相关性（relevant）、时限性（time-based）。

具体性指绩效考核要切中特定的工作指标，不能笼统；可衡量性指绩效指标是数量化或者行为化的，验证这些绩效指标的数据或者信息是可以获得的；可达性指绩效指标在付出努力的情况下可以实现，避免设立过高或过低的目标；相关性指年度经营目标的设定必须与预算责任单位的职责紧密相关，它是预算管理部门、预算执行部门和公司管理层经过反复分析、研究、协商的结果，必须经过他们的共同认可和承诺；时限性指注重完成绩效指标的特定期限。

4. 选取关键指标的方法

（1）关键成果领域分析法。关键成果领域分析法是基于对企业价值创造模式的分析，确定企业的关键成果领域，并在此基础上进一步识别关键成功要素，确定关键绩效指标的方法。

（2）组织功能分解法。组织功能分解法是基于组织功能定位，按照各所属单位（部门）对企业总目标所承担的职责，逐级分解和确定关键绩效指标的方法。

（3）工作流程分解法。工作流程分解法是按照工作流程各环节对企业价值贡献程度，识别出关键业务流程，将企业总目标层层分解至关键业务流程相关部门或岗位（员工）并确定关键绩效指标的方法。

5. 关键绩效指标法的优缺点

（1）优点

①使企业业绩评价与战略目标密切相关，有利于战略目标的实现；

②通过识别的价值创造模式把握关键价值驱动因素，能够更有效地实现企业价值增值目标；

③评价指标数量相对较少，易于理解和使用，实施成本相对较低，有利于推广

实施。

（2）缺点

①指标的选取需要透彻理解企业价值创造模式和战略目标，有效识别企业核心业务流程和关键价值驱动因素（指标选取要求高）；

②指标体系设计不当将导致错误的价值导向和管理缺失（体系设计不当后果很严重）。

【业务经验】

关键绩效指标法在某医院手术室护士绩效考核中的应用经验如下。

1. 关键绩效指标法绩效考评的指标

遵循 KPI 及其标准制定手术室护士业绩考评的重心，即工作量和工作业绩两大考评项目。制定绩效考核项目细则：按照 SMART 原则将手术室护士的工作量及工作业绩分解成可测量、可实现、有时间要求的具体考核项目。

工作量考核项目：根据各组各岗位不同的工作内容设计工作量统计表格，由各岗位护士每天填写，每月 26 日上报后由专人负责核查。

工作业绩考核项目：手术配合组考核项目包括规章制度执行、核心制度落实、洗手护士工作程序、巡回护士工作程序、专科理论、护理操作、设备使用、护理记录、护理风险防范、夜班工作、小组得分、科室贡献、满意度调查等 13 个方面。

白班岗位考核项目包括岗位职责、规章制度执行、责任区检查情况、专科理论、护理操作、各项记录、物品管理、小组分工、其他岗位测评等 9 个方面。培训期护理考核项目为规章制度执行、核心制度落实、理论知识、操作技能、设备使用、夜班工作、学习笔记、护理查房、调查评价、洗手护士工作程序等 10 个方面。

2. 关键绩效指标法绩效考评实施的对象及方法

将手术室护士按照业务层次岗位分工为手术配合、白班岗位、培训期三大组，其中手术配合划分为微创、脑胸、乳甲、骨口喉、腹、妇 6 个小组；培训期划分为培训期洗手护士和培训期白班 2 个小组；白班岗位分为岗位责任人、取送打包室 2 个小组，共计 10 组人员。按各类人员的考核项目制定考核评价标准，并根据考核评价标准内容列出每月考核计划考核细则，依据考核细则制定各项目督察表，各项目督查工作设专人负责检查并记录。每周例会总结周督查结果，每月 28 号公示各组排名。

工作业绩考核项目奖金分配原则：绩效考核奖金占总金额 30%，其中 20%为基础奖金，10%为奖惩基金。每月排名末位者扣除 10%绩效奖金，3 人以上小组第一名奖励 200 元，第二名奖励 100 元。连续 3 个月排名末位扣除 20%绩效奖金，连续 6 个月排名末位的待岗培训（指导考核合格后上岗）。发生不良事件时，主动上报、填写护理缺陷记录及改正认识报告且既往无过失记录者免于处罚；既往有记录人员给予降级处罚；第 3 次出现同类问题则扣除当月奖金。

3. 关键绩效指标法绩效考评实施的效果

应用关键绩效指标法设计的绩效考核方案旨在激励手术室护士不断提升业务素质，不断提高护理质量，爱岗敬业，推动手术室护理事业的发展。依据关键绩效指标法制定的手术室护士考核方案既体现出量化的评价标准又考虑到工作业绩的客观评价，不仅使手术室护士明确自身岗位要求工作标准评价要点，而且明确科室管理目标，与科室目标保持一致，使工作中存在的问题得到有效解决。

【工作任务实施记录与评价】

1. 选取关键指标

师傅指导记录	选取关键指标质量评价	评价成绩
		年 月 日

2. 确定权重

师傅指导记录	确定权重质量评价	评价成绩
		年 月 日

3. 确定目标值

师傅指导记录	确定目标值质量评价	评价成绩
		年 月 日

4. 学徒关键职业能力及职业品质、工匠精神评价

项目	A	B	C	D
工作态度				
吃苦耐劳				
团队协作				
沟通交流				
学习钻研				
认真负责				
诚实守信				

5. 学徒工作任务记录（完成后附在此处）

任务二　经济增加值法绩效评价

【任务目标与质量要求】

在师傅的指导和带领下，准确计算经济增加值，并进行绩效评价。

【学习产出目标】

能够正确计算经济增加值，并运用经济增加值法进行绩效评价。

【工作程序与方法要求】

● 计算税后净营业利润

税后净营业利润衡量的是企业的经营盈利情况

税后净营业利润=(会计上的税后净利润+利息支出等会计调整项目)×(1-25%)

要求：正确计算税后净营业利润

● 平均资本占用

根据公式进行计算：

平均资本占用=平均所有者权益+平均负债-平均无息流动负债-平均在建工程+平均减值准备+平均递延所得税负债贷方余额-平均递延所得税资产借方余额+（累计营业外支出-累计营业外收入）×(1-所得税税率)

要求：准确计算平均资本占用

●计算加权平均资本成本	根据公式进行计算，加权平均资本成本的计算公式如下： $K_{WACC}=K_D\dfrac{DC}{TC}(1-T)+K_S\dfrac{EC}{TC}$ 式中：TC 代表资本占用，EC 代表股权资本，DC 代表债务资本；T 代表所得税税率；K_{WACC} 代表加权平均资本成本率，K_D 代表债务资本成本率，K_S 代表股权资本成本率	要求：准确计算加权平均资本成本
●计算经济增加值	在前面三个程序的基础上，利用公式进行计算： 经济增加值＝税后净营业利润－平均资本占用×加权平均资本成本	要求：正确计算经济增加值
●绩效评价	根据结果和目标值进行客观公正的评价	要求：客观公正评价

【业务知识】

1. 经济增加值法概念

经济增加值是指税后净营业利润扣除全部资本的成本后的剩余收益。经济增加值及其改善值是全面评价经营者有效使用资本和为企业创造价值的重要指标。经济增加值为正，表明经营者在为企业创造价值；经济增加值为负，表明经营者在损毁企业价值。

经济增加值法较少单独应用，一般与关键绩效指标法、平衡计分卡等其他方法结合使用，企业可以将经济增加值作为关键绩效指标法或平衡计分卡方法中的一项指标进行使用。

2. 使用经济增加值指标进行绩效评价的效果

（1）提高企业资金的使用效率；

（2）优化企业资本结构；

（3）激励经营管理者，实现股东财富的保值增值；

（4）引导企业做大做强主业，优化资源配置。

3. 债务资本成本率的概念

债务资本成本率是企业实际支付给债权人的税前利率，反映的是企业在资本市场中债务融资的边际成本。如果企业存在不同利率的融资来源，债务资本成本率应使用加权平均值。股权资本成本率是在不同风险下，所有者对投资者要求的最低回报。

4. 平均资本占用的概念

平均资本占用是所有投资者投入企业经营的全部资本，包括债务资本和股权资本。其中债务资本包括融资活动产生的各类有息负债，不包括经营活动产生的无息流动负债。股权资本中包含少数股东权益。资本占用除根据经济业务实质相应调整资产减值损失、递延所得税等，还可根据管理需要调整研发支出、在建工程等项目，引导企业注重长期价值创造。

平均资本占用＝平均所有者权益＋平均负债－平均无息流动负债－平均在建工程＋平均减值准备＋平均递延所得税负债贷方余额－平均递延所得税资产借方余额＋（累计营业外支出－累计营业外收入）×（1－所得税税率）

5. 经济增加值法的优缺点

（1）优点

①考虑了所有资本的成本，更真实地反映了企业的价值创造能力；

②实现了企业利益、经营者利益和员工利益的统一，激励经营者和所有员工为企业创造更多价值；

③能有效遏制企业盲目扩张规模以追求利润总量和增长率的倾向，引导企业注重长期价值创造。

（2）缺点

①仅对企业当期或未来1年价值创造情况进行衡量和预判，无法衡量企业长远发展战略的价值创造情况；

②计算主要基于财务指标，无法对企业的经营效率与效果进行综合评价；

③不同行业、不同发展阶段、不同规模的企业，其会计调整项和加权平均资本成本各不相同，计算比较复杂，影响指标的可比性。

【工作任务】

某企业有甲、乙两家子公司，甲、乙两家公司2021年经审计后的基本财务数据见表3-6-1。

表3-6-1　甲、乙公司2021年财务数据

数据	甲公司	乙公司
无息债务（平均，均为短期债务）/万元	300	100
有息债务（平均，年利息率6%，均为长期债务）/万元	700	200
所有者权益（平均）/万元	500	700
总资产（平均）/万元	1 500	1 000
息税前利润/万元	150	100
所得税税率/%	25	
平均加权资本成本/%	5.5	

假定不考虑所得税纳税调整事项和其他有关因素。

要求：根据资料，分别计算甲、乙两家公司的经济增加值，并据此对两家公司做出绩效评价。

甲公司经济增加值＝[(150－700×6%)×(1－25%)＋700×6%×(1－25%)]－(500＋700)×5.5%＝46.5(万元)

乙公司经济增加值＝[(100－200×6%)×(1－25%)＋200×6%×(1－25%)]－(700＋200)×5.5%＝25.5(万元)

从经济增加值角度分析,甲公司绩效好于乙公司。

【业务经验】

税后净营业利润常用的调整项目

(1) 研究开发费、大型广告费等一次性支出但收益期较长的费用，应予以资本化处理，不计入当期费用。

(2) 反映付息债务成本的利息支出，不作为期间费用扣除，计算税后净营业利润时扣除所得税影响后予以加回。

(3) 营业外收入、营业外支出具有偶发性，将当期发生的营业外收支从税后净营业利润中扣除后予以加回，并在计算资本占用时相应调整资产减值准备发生额。

(4) 递延税金不反映实际支付的税款情况，将递延所得税资产及递延所得税负债变动影响的企业所得税从税后净营业利润中扣除，相应调整资本占用。

(5) 其他非经常性损益调整项目，如股权转让收益等。

【工作任务实施记录与评价】

1. 计算税后净营业利润

<table>
<tr><th>师傅指导记录</th><th>计算税后净营业利润准确性评价</th><th>评价成绩</th></tr>
<tr><td rowspan="2"></td><td rowspan="2"></td><td></td></tr>
<tr><td>年　月　日</td></tr>
</table>

2. 计算平均资本占用

师傅指导记录	计算平均资本占有准确性评价	评价成绩
		年　月　日

3. 计算加权平均资本成本

师傅指导记录	计算加权平均资本成本准确性评价	评价成绩
		年　月　日

4. 计算经济增加值

师傅指导记录	计算经济增加值准确性评价	评价成绩
		年　月　日

5. 学徒关键职业能力及职业品质、工匠精神评价

项目	A	B	C	D
工作态度				
吃苦耐劳				
团队协作				
沟通交流				
学习钻研				
认真负责				
诚实守信				

6. 学徒工作任务记录（完成后附在此处）

任务三　平衡计分卡绩效评价

【任务目标与质量要求】

在师傅的指导和带领下，设计平衡计分卡指标，确定权重及目标值，进行绩效评价。

【学习产出目标】

能够根据企业实际设计平衡计分卡指标，确定权重及目标值，进行绩效评价。

【工作程序与方法要求】

●设计指标体系	平衡计分卡指标体系构建时，企业应以财务维度为核心，其他维度的指标都与核心维度的一个或多个指标相联系。通过梳理核心维度目标的实现过程，确定每个维度的关键驱动因素，结合战略主题，选取关键绩效指标。平衡计分卡每个维度的指标通常为4～7个，总数量一般不超过25个	要求：正确制定指标体系
●分配指标权重	以战略目标为导向，反映被评价对象企业战略目标贡献或支持的程度，以及各指标之间的重要性水平。企业绩效指标权重一般设定在5%～30%，对特别重要的指标可适当提高权重。对特别关键、影响企业整体价值的指标可设立“一票否决”制度，即如果某项绩效指标未完成，无论其他指标是否完成，均为未完成绩效目标	要求：正确计算分配指标权重
●计算目标值	第一步：确定战略主题目标值；第二步：确定主题内目标值；第三步：基于平衡计分卡评价指标与战略目标的对应关系，为每个评价指标设定目标值，通常设定3～5年的目标值	要求：正确设定目标值
●绩效评价	根据结果和目标值进行客观公正的评价	要求：客观公正评价

【业务知识】

1. 平衡记分卡的概念

平衡记分卡是常见的绩效考核方式之一，平衡计分卡是从财务、客户、内部运营、学习与成长四个维度，将组织的战略落实为可操作的衡量指标和目标值的一种新型绩效管理体系。

其中，财务维度的目标是解决“股东如何看待我们”这一类问题；客户维度回答“客户如何看待我们”的问题；内部运营维度着眼于企业的核心竞争力，解决“我们的优势是什么”的问题；学习与成长维度旨在解决“我们是否能继续提高并创造价值”的问题。

2. 平衡计分卡的特点

财务指标和非财务指标的平衡、企业的长期目标和短期目标的平衡、结果性指标与动因性指标之间的平衡、企业组织内部群体与外部群体的平衡。

3. 平衡计分卡的优缺点

（1）优点

①战略目标逐层分解；

②绩效评价全面完整；

③注重员工的发展，有利于增强企业可持续发展的动力。

（2）缺点

①实施成本高；

②实施困难；

③系统性强、涉及面广。

4. 平衡记分卡的应用

（1）从财务指标看企业或组织的获利能力。财务数据是管理业绩评价不可或缺的重要组成部分。企业经营的目的是追求利润。企业管理者的管理业绩水平如何，通过财务数据就能得到一个比较直观的认识。通常情况下，企业的财务指标是和企业的获利能力紧密联系在一起的，它包括营业收入、销售增长速度或产生的现金流量、投资报酬率等，甚至可以是更新的一些指标，如经济增加值。至于财务子模块在整个管理业绩评价体系中的权重，一般随企业类型及发展阶段的不同而有所区别。譬如传统产业企业的权重就可以高一些，如设为30%、40%；对于高新技术产业企业而言，由于其前期大量的研发费用需要在以后相当长的一段时期内进行摊销，所以其权重应当低一些，如20%左右。再如，在企业的成长阶段，由于各方面的投入数额巨大，财务方面的业绩衡量指标的权重应该低一些，如20%左右；到了成熟阶段则可以适当提高其权重，达到30%～40%。

（2）从内部经营看企业或组织的综合提升力。传统的业绩评价体系对企业内部经营过程所确定的目标通常是控制和改善现有职能部门的作用，主要依据财务指标评价这些部门的经营业绩，还包括评价产品品质、投资报酬率和生产周期等指标，但它仅仅是强调单个部门的业绩，而不是着眼于综合地改善企业的整体经营过程。而平衡计分卡则强调评价指标多样化，不仅包括财务指标，还包括非财务指标。它能够综合地反映企业内部的管理业绩水平，其指标可以包括企业推出新品的平均耗时、产品合格率、新客户收入占总收入的比例、生产销售主导时间、售后服务主导时间等。设置的权重为20%左右。

(3) 从客户子模块看企业或组织的竞争能力。竞争优势归根结底来源于企业为客户创造的超过其成本的价值。价值是客户愿意支付的价钱，而超额价值产生于以低于对手的价格提供同等效益或者所提供的独特效益弥补高价后的盈余。所以，满足客户的需要是企业成功发展的必要条件。在平衡计分卡的客户子模块中，企业管理者要确定企业所要争得的竞争性客户和市场份额，并计算在这个目标范围内的业绩情况。对于企业客户管理业绩水平的评价，其核心指标应包括客户满意程度、客户保持程度、新客户的获得、客户赢利能力，即在目标范围内的市场份额和会计份额。假如这些指标数据所反映出来的情况良好，则表示企业的客户管理是卓有成效的，企业也由此取得了一种重要的核心竞争力。在整个管理业绩评价体系中，可根据不同类型企业设置客户管理指标的不同权重，如在工农业企业中的权重可以低一些，为20%左右，而在服务业企业中的权重就应该高一些，如30%～40%。

(4) 从学习创新设计看企业或组织的持续后动。企业实现目标、取得成功的重要保证是客户管理和内部经营过程，而企业现有生产能力与业绩目标所要求的实际生产能力之间往往存在着巨大差距。为了减小这些差距，保证上述两方面目标的实现，企业必须在平衡计分卡中确定学习与创新的目标和评价指标，这是企业实现长期目标的力量源泉。一个企业要创新，其管理者的推动作用不可轻视，而管理者要推动企业学习与创新的发展，他们自己首先必须学会学习与创新。同时，相关的其他主要指标还包括为员工提供各种培训、提高信息技术、改善信息系统、营造良好的企业文化氛围等。在具体评价时．可以用其措施落实的数量和质量来衡量。这个子模块对于企业管理者个人而言是非常重要的，它间接体现了管理者个人学习与创新的意识和能力，而对于一个有明确发展战略的企业而言，它的权重应该不低于25%。

【业务经验】

1. 财务维度常用指标

财务维度常用指标如表3-6-2所示。

2. 客户维度常用指标

客户维度常用指标如表3-6-3所示。

3. 内部运营维度常用指标

内部运营维度常用指标如表3-6-4所示。

表 3-6-2　财务维度常用指标

指标	公式	意义
资产负债率	资产负债率＝负债总额÷资产总额×100％	资产负债率是指企业负债总额与资产总额的比值，反映企业整体财务风险程度。
总资产周转率	总资产周转率＝营业收入÷总资产的平均余额	总资产周转率是指营业收入与总资产平均余额的比值，反映总资产在一定会计期间内周转的次数。
资本周转率	资本周转率＝营业收入÷平均资本占用×100％	资本周转率是指企业在一定会计期间内营业收入与平均资本占用的比值。

表 3-6-3　客户维度常用指标

指标	公式	意义
市场份额	市场份额＝本企业某商品销售量÷该种商品市场总销售量×100％	市场份额是指一个企业的销售量在市场同类产品中所占的比重。
客户获得率	客户数量增长率＝（本期客户数量－上期客户数量）÷上期客户数量×100％ 客户交易增长率＝（本期客户交易额－上期客户交易额）÷上期客户交易额×100％	客户获得率是指企业在争取新客户时获得成功部分的比值。
客户保持率	老客户交易增长率＝（老客户本期交易额—老客户上期交易额）÷老客户上期交易额×100％	客户保持率是指企业继续保持与老客户交易关系的比值。
客户获利率	单一客户获利率＝单一客户净利润÷单一客户总成本×100％	客户获利率是指企业从单一客户得到的净利润与付出的总成本的比值。
战略客户数量		战略客户数量是指对企业战略目标实现有重要作用的客户的数量。

表 3-6-4　内部运营维度常用指标

指标	公式	意义
交货及时率	交货及时率＝及时交货的订单个数÷总订单个数×100％	交货及时率是指企业在一定会计期间内及时交货的次数占其总交货次数比值。
生产负荷率	生产负荷率＝实际产量÷设计生产能力×100％	生产负荷率是指投产项目在一定会计期间内的产品产量与设计生产能力的比值。
产品合格率	产品合格率＝合格产品数量÷总产品数量×100％	产品合格率是指合格产品数量占总产品数量的比值。
存货周转率	存货周转率＝营业收入÷存货平均余额×100％	存货周转率是指企业营业收入与存货平均余额的比值，反映存货在一定会计期间内周转的次数。
单位生产成本		单位生产成本是指生产单位产品而平均耗费的成本。

4. 学习与成长维度常用指标

学习与成长维度常用指标如表 3-6-5 所示。

表 3-6-5　学习与成长维度常用指标

指标	公式	意义
员工流失率与员工保持率	员工流失率＝本期离职员工人数÷员工平均人数×100％ 员工保持率＝1－员工流失率	员工流失率是指企业一定会计期间内离职员工占员工人数的比值。
员工生产率	人均产品生产率＝本期产品生产总量÷生产人数 人均营业收入＝本期营业收入÷员工人数	员工生产率，是指员工在一定会计期间内创造的劳动成果与其相应的员工数量的比值。该指标可用人均产品生产数量或人均营业收入进行衡量。
培训计划完成率	培训计划完成率＝培训计划实际执行的总时数÷培训计划总时数×100％	培训计划完成率，是指培训计划实际执行的总时数占培训计划总时数的比值。

【工作任务实施记录与评价】

1. 平衡计分卡指标设计

师傅指导记录	平衡计分卡指标设计质量评价	评价成绩
		年　月　日

2. 计算权重

师傅指导记录	计算权重准确性评价	评价成绩
		年　月　日

3. 计算目标值

师傅指导记录	计算目标值准确性评价	评价成绩
		年　月　日

4. 学徒关键职业能力及职业品质、工匠精神评价

项目	A	B	C	D
工作态度				
吃苦耐劳				
团队协作				
沟通交流				
学习钻研				
认真负责				
诚实守信				

5. 学徒工作任务记录（完成后附在此处）

项目七
风险管理

在企业师傅的指导下，了解风险管理的内涵，掌握风险管理与内部控制的概念、关系以及在企业中的应用，学会用风险矩阵法进行风险评估和应对，学会运用风险清单方法进行风险管理。

【项目目标与质量要求】

能够熟练运用风险矩阵及风险清单工具与方法进行风险管理，培养学生基本的风险意识，掌握风险管理基本技能，具备风险管理的职业意识和进行风险管理的职业能力。

【学习产出目标】

1. 能够正确进行风险矩阵坐标图的绘制，并运用风险矩阵进行风险评估和应对；
2. 能够正确进行风险清单的编制，并进行风险评估和调整。

【业务知识】

1. 风险管理概念、原则、工具与方法

风险管理是指企业为实现风险管理目标，对企业风险进行有效识别、评估、预警和应对等管理活动的过程。企业风险是指对企业的战略与经营目标实现产生影响的不确定性。风险管理目标是在确定企业风险偏好的基础上，将企业的总体风险和主要风险控制在企业风险容忍度范围之内。

企业风险管理是一个过程，它由一个主体的董事会、管理当局和其他人员实施，应用于战略制订并贯穿于企业之中，旨在识别可能会影响主体的潜在事项，管理风险以使其在该主体的风险容量之内，并为主体目标的实现提供合理保证。风险管理整合框架有 3 个维度，第一维度是企业的目标，即战略目标、经营目标、报告目标和合规

目标；第二维度是全面风险管理，即内部环境、目标设定、事项识别、风险评估、风险应对、控制活动、信息与沟通、监督；第三维度是企业的层级，包括主体层次、各分部、各业务单元及下属各子公司。

企业进行风险管理，一般应遵循以下原则：

（1）融合性原则。企业风险管理应与企业的战略设定、经营管理与业务流程相结合。

（2）全面性原则。企业风险管理应覆盖企业所有的风险类型、业务流程、操作环节和管理层级与环节。

（3）重要性原则。企业应对风险进行评价，确定需要进行重点管理的风险，并有针对性地实施重点风险监测，及时识别、应对。

（4）平衡性原则。企业应权衡风险与回报、成本与收益之间的关系。

风险管理领域应用的管理会计工具一般包括风险矩阵、风险清单等。企业可结合自身的风险管理目标和实际情况，单独或综合应用不同风险管理工具。

2. 风险管理与内部控制的关系

内部控制是指在一个单位内部为了实现其经营目标，保护资产的安全完整，保证会计信息资料的正确可靠，确保经营方针的贯彻执行，保证经营活动的经济性、效率性和效果性而在单位内部采取的自我调整、约束、规划、评价和控制的一系列方法、手续与措施。财政部出台《企业内部控制基本规范》后，实业界的反映也非常强烈，其中最主要的问题是：在许多企业内部控制体系尚未构建成型的现状下，企业是直接构建风险管理体系，还是先构建内部控制体系。内部控制的重点就是企业风险，对风险的管理主要是通过内部控制中控制关键风险点来实现的。所以，企业的内部控制制度应该围绕风险管理来进行设计，通过建立有效的内部控制，对风险进行管理。风险管理下的内部控制是站在企业战略层面分析、评估和管理风险，是把对企业监督控制从细节控制提升到战略层面及公司治理层面。

基于此，内部控制和风险管理的发展逻辑应该是：先从企业内部构建基于风险管理的行之有效的内部控制流程；再从企业全局出发，综合考虑各种风险因素，构建全面风险管理体系，先前构建的内部控制体系包含在该风险管理体系之内。

企业风险管理并不能替代内部控制。

3. 风险管理的应用

企业应强化风险管理意识，形成与本企业经营状况相适应的风险管理理念，培育和塑造良好的风险管理文化，建立风险管理培训、传达、监督和激励约束机制，将风险管理意识转化为员工的共同认识和自觉行动。企业应根据相关法律法规的要求和风险管理的需要，建立组织架构健全、职责边界清晰的风险管理结构，明确董事会、监事会、管理层、业务部门、风险管理责任部门等在风险管理中的职责分工，建立风险管理决策、执行、监督与评价等职能既相互分离、相互制约，又相互协调的运行机制。企业应建立健全能够涵盖风险管理主要环节的风险管理制度体系。通常包括风险管理决策制度、风险识别与评估制度、风险监测预警制度、应急处理制度、风险管理评价制度、风险管理考核制度等。企业应加强信息技术在风险管理中的应用，建立与业务、财务相融合的信息系统。

4. 风险管理范围的协调

(1) 风险管理框架下的内部控制是站在企业战略层面分析、评估和管理风险，是把对企业监督控制从细节控制提升到战略层面及公司治理层面。

(2) 风险管理不仅仅关注内控建立，最主要的是关注内部控制运行与评价，从企业所有内外风险的角度为公司治理层、管理层持续改进内部控制设计和运行提供思路。

(3) 风险管理比内部控制的范围要广得多。

5. 风险管理、内部控制与公司治理三者的整合

(1) 在风险管理框架下的内部控制试图寻求一个有效的切入点使得内部控制真正作为组织战略管理的重要成分嵌入组织内部，提高组织对内部控制重要性的认同，并使得内控能为组织战略目标的实现做出更多的贡献。

(2) 依照风险管理的整体控制思维，扩展内部控制的内涵和外延，将治理、风险和控制作为一个整体为组织目标的实现提供保证。这一整合的过程将克服原本内部控制实施过程中内部控制与管理脱节的问题，整个组织风险管理的过程也是内部控制实施的过程，内控不再被人为地从企业整个流程中分离出来，提高了内部控制与组织的整合性和全员参与性。

任务一　风险矩阵法

在师傅的指导和带领下，学会运用风险矩阵法判断企业风险及其重要性等级，并会采用相应的应对措施。

【任务目标与质量要求】

掌握风险矩阵的概念、基本原理、优缺点，学会绘制风险矩阵坐标图，会判断风险等级。

【学习产出目标】

能够正确进行风险矩阵坐标图的绘制，并运用风险矩阵进行风险评估和应对。

【工作程序与方法要求】

步骤	内容	要求
识别风险	寻找风险点，可通过梳理业务流程、咨询相关部门的负责人或该领域的专家了解具体情况	要求：正确识别企业存在的风险点
绘制风险矩阵图	风险评估是关键环节，由公司组建的风险管理委员会完成，根据制定的标准，从风险影响等级以及发生概率两个维度打分，以此正确绘制风险矩阵图	要求：正确绘制风险矩阵图
沟通与报告	将绘制完成的风险矩阵及时传递给企业管理层、各职能部门和业务部门。企业还可将风险矩阵纳入企业风险管理报告，以切实指导风险预警和应对活动，提高风险管理效果	要求：完整地将矩阵图传递给各部门
持续与修订	风险矩阵绘制后，会得出风险结论，结合企业自身采取相应措施。充当好监测者的角色，以切实指导风险预警和应对活动，提高风险管理效果。根据风险管理的需要或企业管理层的要求，定期或不定期地更新风险矩阵所展示的各类风险及其重要性等级	要求：正确采取相应的措施，并及时修订

【业务知识】

1. 风险矩阵的概念和基本原理

风险矩阵（也称风险热度图、风险坐标图等），是指按照风险发生的可能性和风险发生后果的严重程度，将风险绘制在矩阵图中，展示风险及其重要性等级的风险管理工具。

风险矩阵的基本原理是根据企业风险偏好，判断并度量风险发生可能性和后果严重程度，计算风险值，以此作为主要依据在矩阵中描绘出风险的重要性等级。

2. 风险矩阵的优缺点

风险矩阵的主要优点：一是为企业确定各项风险重要性等级提供了流程化、规范化、可视化的工具，增强风险沟通和报告效果，有利于企业采取有效的监管预警措施及时应对风险；二是简便明了、直观易懂，展示形式灵活多样，适用于各类企业不同类型和不同层级的风险管理责任部门。

风险矩阵的主要缺点：一是需要对风险重要性等级标准、风险发生可能性、后果严重程度等做出主观判断，可能影响使用的准确性；二是应用风险矩阵所确定的风险重要性等级是通过相互比较确定的，因而无法将列出的个别风险的重要性等级通过数学运算得到总体风险的重要性等级。

3. 风险矩阵的应用

企业应用风险矩阵方法，应综合考虑所处的外部环境、企业内部的财务和业务情况以及企业风险管理目标、风险偏好、风险容忍度、风险管理能力等。风险矩阵适用于企业各类风险重要性等级的展示，也适用于各类风险的分析评价和沟通报告环节。

4. 风险矩阵的绘制

风险矩阵法（简称LS法），$R=L\times S$，其中R是危险性（也称风险度），其为事故发生的可能性与事件后果的结合；L是事故发生的可能性；S是事故后果严重性。R值越大，说明该系统危险性大、风险大。操作步骤：①列出该项目的所有潜在问题；②依次估计这些潜在问题发生的可能性（表3-7-1），可按低、中、高，也可按数字1～5划分；③依次估计这些潜在问题发生后对整个项目的影响（表3-7-2），也可按低、中、高或1～5划分；④可得出风险矩阵（表3-7-3），便于分析；⑤找出预防性措施；⑥建立应急计划。

5. 风险控制措施

（1）如潜在问题在极其危险区域，则应该不惜成本阻止其发生，如果成本大于可接受范围，则放弃该项目。

（2）如潜在问题在高度危险区域，应安排合理的费用来阻止其发生。

（3）如潜在问题在显著危险区域，应采取一些合理的步骤来阻止其发生或尽可能降低其发生后造成的影响。

（4）轻度危险和稍有危险级别为反应型，即发生后再采取措施，而前三类则是预防型（表3-7-4）。

表3-7-1　事故发生的可能性判断准则

等级	标准
5	在现场没有采取防范、监测、保护、控制措施，或危害的发生不能被发现（没有监测系统），或在正常情况下经常发生此类事故或事件。
4	危害的发生不容易被发现，现场没有检测系统，也未进行过任何监测，或在现场有控制措施，但未有效执行或控制措施不当，或危害常发生或预期情况下发生
3	没有保护措施（如没有保护装置、没有个人防护用品等），或未严格按操作程序执行，或危害的发生容易被发现（现场有监测系统），或曾经做过监测，或过去曾经发生类似事故或事件。
2	危害一旦发生能及时发现，并定期进行监测，或现场有防范控制措施，并能有效执行，或过去偶尔发生事故或事件。
1	有充分有效的防范、控制、监测、保护措施，或员工安全卫生意识相当高，严格执行操作规程，极不可能发生事故或事件。

表 3-7-2　事件后果严重性判别准则

等级	法律、法规及其他要求	人员	直接经济损失	停工	企业形象
5	违反法律、法规和标准	死亡	100 万元以上	部分装置（＞2 套）或设备停工	重大国际、国内影响
4	潜在违反法规和标准	丧失劳动能力	50 万元以上	2 套装置停工或设备停工	行业内、省内影响
3	不符合上级公司或行业的安全方针、制度、规定等	截肢、骨折、听力丧失、慢性病	1 万元以上	1 套装置停工或设备	地区影响
2	不符合企业的安全操作程序、规定	轻微受伤、间歇不舒服	1 万元以下	受影响不大，几乎不停工	公司及周边范围影响
1	完全符合	无伤亡	无损失	没有停工	形象没有受损

表 3-7-3　风险矩阵

后果严重性等级	5	轻度危险	显著危险	高度危险	极其危险	极其危险
	4	轻度危险	轻度危险	显著危险	高度危险	极其危险
	3	稍有危险	轻度危险	显著危险	显著危险	高度危险
	2	稍有危险	轻度危险	轻度危险	轻度危险	显著危险
	1	稍有危险	稍有危险	稍有危险	轻度危险	轻度危险
		1	2	3	4	5
		发生可能性等级				

表 3-7-4　安全风险等级判定准则（*R* 值）及控制措施

风险值	风险等级		应采取的行动/控制措施	实施期限
20～25	A/1 级	极其危险	在采取措施降低危害前，不能继续作业，对改进措施进行评估	立刻
15～16	B/2 级	高度危险	采取紧急措施降低风险，建立运行控制程序，定期检查、测量及评估	立即或近期整改
9～12	C/3 级	显著危险	可考虑建立目标、建立操作规程，加强培训及沟通	2 年内治理
4～8	D/4 级	轻度危险	可考虑建立操作规程、作业指导书但需定期检查	有条件、有经费时治理
1～3	E/5 级	稍有危险	无须采用控制措施	需保存记录

【业务经验】

风险矩阵具体的绘制步骤

企业应用风险矩阵，一般需要绘制风险矩阵坐标图、制定风险重要性等级标准、分析与评价各项风险、风险矩阵中描绘出风险点、对风险矩阵展示的风险信息进行沟通报告和持续修订等。

企业应以风险后果严重程度为横坐标、以风险发生可能性为纵坐标，绘制风险矩阵坐标图。企业可根据风险管理精度的需要，确定定性、半定量或定量指标来描述风险后果严重程度和风险发生可能性。表示风险后果严重程度的横坐标等级可定性描述为“微小、较小、较大和重大”（也可采用1、2、3、4四个半定量分值），表示风险发生可能性的纵坐标等级可定性描述为“不太可能、偶尔可能、可能、很可能”（也可采用1、2、3、4四个半定量分值），从而形成16个（4×4）方格区域的空白风险矩阵图。还可以根据需要通过定量指标更精确地描述风险后果严重程度和风险发生可能性。

企业在确定风险重要性等级时，应综合考虑风险后果严重程度和发生可能性以及企业的风险偏好，将风险重要性等级划分为可忽视的风险、可接受的风险、要关注的风险和重大的风险等级别。对于使用半定量和定量指标描绘的矩阵，企业可将风险后果严重程度和发生可能性等级的乘积（即风险值）划分为与风险重要性等级相匹配区间。

在逐项分析和评价需在风险矩阵中展示的风险时，注意考虑各风险的性质和企业对该风险的应对能力，对单个风险的发生后果严重程度的量化应注重参考相关历史财务数据。该过程可以通过相关问卷或表单辅助进行。综合各方专家意见后，得到每一风险发生可能性和后果严重程度的评分结果。

企业应将每一风险发生的可能性和后果严重程度的评分结果组成的唯一坐标点标注在建立好的空白风险矩阵图中，标明各点的含义并给风险矩阵命名，完成风险矩阵的绘制。企业应将绘制完成的风险矩阵及时传递给企业管理层、各职能部门和业务部门。企业还可将风险矩阵纳入企业风险管理报告，以切实指导风险预警和应对活动，提高风险管理效果。

【工作任务实施记录与评价】

1. 风险点识别

师傅指导记录	掌握程度评价	评价成绩
		年 月 日

2. 风险矩阵中风险概率、后果的判断

要素	等级判断	评价结果
概率		
后果		
准确率评价		评价成绩
		评价日期 年 月 日

3. 风险矩阵图的绘制

要素	判断结果	评价结果
后果等级		
严重程度		
准确率评价		评价成绩
		评价日期 年 月 日

4. 风险矩阵控制措施

要素	判断结果	评价结果
风险等级		
采取措施		
准确率评价		评价成绩
		评价日期 年 月 日

5. 学徒关键职业能力及职业品质、工匠精神评价

项目	A	B	C	D
工作态度				
吃苦耐劳				
团队协作				
沟通交流				
学习钻研				
认真负责				
诚实守信				

6. 学徒工作任务记录（完成后附在此处）

任务二　风险清单法

在师傅的指导和带领下，学会运用风险清单工具方法进行风险管理。

【任务目标与质量要求】

掌握风险矩阵的概念、基本原理、优缺点，学会编制风险清单，能够进行风险评估。

【学习产出目标】

能够正确进行风险清单的编制，并进行风险评估和调整。

【工作程序与方法要求】

步骤	内容	要求
●编制风险清单	企业构建风险清单基本框架时，可根据管理需要对风险识别、风险分析、风险应对中的要素进行调整	要求：正确识别风险，编制风险清单
●沟通与报告	将风险清单所呈现的风险信息及时传递给相关责任主体，确保各责任主体准确理解相关的风险信息，有效开展风险管理活动。为提高风险清单应用的有效性，风险管理职能部门可将其纳入企业风险管理报告并按流程报告	要求：正确按照程序进行沟通与报告

评价与优化	内外部环境变化，对风险清单是否全面识别风险并准确分类、准确分析风险成因及后果、采取了恰当的风险应对措施进行评估，及时对风险清单进行更新调整	要求：准确分析风险并提出应对措施，调整风险清单

【业务知识】

1. 风险清单的概念

风险清单，是指企业根据自身战略、业务特点和风险管理要求，以表单形式进行风险识别、风险分析、风险应对措施、风险报告和沟通等管理活动的工具方法。风险清单适用于各类企业及企业内部各个层级和各类型风险的管理。

企业应用风险清单法的主要目标，是使企业从整体上了解自身风险概况和存在的重大风险，明晰各相关部门的风险管理责任，规范风险管理流程，并为企业构建风险预警和风险考评机制奠定基础。

2. 风险清单的优缺点

风险清单的主要优点：能够直观反映企业风险情况，易于操作，能够适应不同类型企业、不同层次风险、不同风险管理水平的风险管理工作。

风险清单的主要缺点：风险清单所列举的风险往往难以穷尽，且风险重要性等级的确定可能因评价的主观性而产生偏差。

3. 风险清单基本框架

企业风险清单基本框架一般包括风险识别、风险分析、风险应对三部分。风险识别部分主要包括风险类别、风险描述、关键风险指标等要素；风险分析部分主要包括可能产生的后果、关键影响因素、风险责任主体、风险发生可能性、风险后果严重程度、风险重要性等级等要素；风险应对部分主要包括风险应对措施等要素。企业构建风险清单基本框架时，可根据管理需要，对风险识别、风险分析、风险应对中的要素进行调整。

【业务经验】

1. 风险清单编制技巧

企业一般按企业整体和部门两个层级编制风险清单。企业整体风险清单的编制一般按照构建风险清单基本框架、识别风险、分析风险、制定重大风险应对措施等程序进行；部门风险清单的编制可根据企业整体风险清单，梳理出与本部门相关的重大风险，依照上述流程进行。

2. 风险识别技巧

风险管理部门应从全局角度识别可能影响风险管理目标实现的因素和事项，建立风险信息库，在各相关部门的配合下共同识别风险。风险识别过程应遵循全面系统梳理、全员参与、动态调整的原则，对识别出的风险进行详细描述，明确关键风险指标等。

【工作任务实施记录与评价】

1. 风险清单编制

师傅指导记录	掌握程度评价	评价成绩
		年 月 日

2. 沟通与报告

师傅指导记录	掌握程度评价	评价成绩
		年 月 日

3. 评价与优化

要素	判断结果	评价结果
风险等级		
采取措施		
准确度评价		评价成绩
		评价日期 年 月 日

4. 学徒关键职业能力及职业品质、工匠精神评价

项目	A	B	C	D
工作态度				
吃苦耐劳				
团队协作				
沟通交流				
学习钻研				
认真负责				
诚实守信				

5. 学徒工作任务记录（完成后附在此处）

项目八
管理会计报告撰写及应用

在师傅指导带领下，了解管理会计报告的含义及特征，知道管理会计报告的应用，掌握管理会计报告编制要求及流程。

【项目目标与质量要求】

了解管理会计报告的含义及特征；知道管理会计报告体系及其所包含的内容，熟悉管理会计报告编制要求及流程。能够实事求是，客观分析企业状况；辩证分析问题，有主次之分，看问题抓重点。

【学习产出目标】

1. 能够撰写管理会计报告；
2. 能够进行管理会计报告的应用。

【工作程序与方法要求】

●编制管理会计报告	管理会计报告由管理会计信息归集、处理并报送的责任部门编制，根据要求结合管理会计信息进行编制	要求：准备编制管理会计报告
●审批管理会计报告	根据报告的内容、重要性和报告对象等，确定不同的审批流程；经审批后的报告方可报出	要求：正确完成审批
●报送管理会计报告	合理设计报告报送路径，确保企业管理会计报告及时、有效地送达报告对象	要求：根据报告性质、管理需要进行逐级报送或直接报送

● 使用管理会计报告

建立管理会计报告使用的授权制度，报告使用人应在权限范围内使用企业管理会计报告

要求：使用并进行反馈

● 评价管理会计报告

对管理会计报告的质量、传递的及时性、保密情况等进行评价，并将评价结果与绩效考核挂钩

要求：给予合理客观的评价

【业务知识】

1. 管理会计报告的含义及特征

企业管理会计报告是指企业运用管理会计方法，根据财务和业务的基础信息加工整理形成的，满足企业价值管理和决策支持需要的内部报告。

管理会计报告的特征：

(1) 管理会计报告没有统一的格式，根据内部管理需要来定，更注重报告实质内容；

(2) 遵循问题导向，根据内部需要来组织、编制、审批、报送和使用；

(3) 提供信息全面，不仅包括财务信息，也包括非财务信息；

(4) 边际贡献格式，如涉及业绩报告，其主要格式应是边际贡献格式。

2. 管理会计报告体系

按照企业管理会计报告使用者所处的管理层级可以分为战略层管理会计报告、经营层管理会计报告和业务层管理会计报告（表 3-8-1）。

表 3-8-1 管理会计报告体系

分类	基本内容
战略管理报告	包括内外部环境分析、战略选择与目标设定、战略执行及其结果，以及战略评价等
综合业绩报告	包括关键绩效指标预算及其执行结果、差异分析以及其他重大绩效事项等
价值创造报告	价值创造目标、价值驱动财务、非财务因素、资源占用与价值贡献、提升公司价值的措施
经营分析报告	过去经营情况回顾、本期经营目标差异分析、内外部环境要风险分析、未来经营目标及措施
风险分析报告	全面风险管理工作回顾、内外部风险因素分析、主要风险识别与评估、风险管理计划等
重大事项报告	重大投资项目、重大资本运作、重大融资、重大担保事项、关联交易等事项的报告
例外事项报告	针对企业发生的管理层变更、股权变更、安全事故、自然灾害等偶发性事项的报告

（1）战略层管理会计报告是为战略层开展战略规划、决策、控制和评价以及其他方面的管理活动提供相关信息的对内报告。

（2）经营层管理会计报告是为经营管理层开展与经营管理目标相关的管理活动提供相关信息的对内报告（表 3-8-2）。

表 3-8-2　经营层管理会计报告内容

分类	基本内容
全面预算管理报告	包括预算目标制定与分解、预算执行差异分析以及预算考评等
投资分析报告	包括投资对象、投资额度、投资结构、投资进度、投资效益、投资风险和投资管理建议等
项目可行性报告	包括项目概况、市场预测、产品方案与生产规模、厂址选择、工艺与组织方案设计、财务评价、项目风险分析，以及项目可行性研究结论与建议等
融资分析报告	一般包括融资需求测算、融资渠道与融资方式分析及选择、资本成本、融资程序、融资风险及其应对措施和融资管理建议等
盈利分析报告	一般包括盈利目标及其实现程度、利润的构成及其变动趋势、影响利润的主要因素及其变化情况，以及提高盈利能力的具体措施等。
资金管理报告	包括资金管理目标、主要流动资金项目如现金、应收票据、应收账款、存货的管理状况、资金管理存在的问题以及解决措施等。
成本管理报告	成本预算、实际成本及其差异分析，成本差异形成的原因以及改进措施等
业绩评价报告	包括绩效目标、关键绩效指标、实际执行结果、差异分析、考评结果，以及相关建议等

业务层管理会计报告是为企业开展日常业务或作业活动提供相关信息的对内报告（表 3-8-3）。

表 3-8-3　业务层管理会计报告

分类	基本内容
全面预算管理报告	包括预算目标制定与分解、预算执行差异分析以及预算考评等
投资分析报告	包括投资对象、投资额度、投资结构、投资进度、投资效益、投资风险和投资管理建议等
项目可行性报告	包括项目概况、市场预测、产品方案与生产规模、厂址选择、工艺与组织方案设计、财务评价、项目风险分析，以及项目可行性研究结论与建议等
融资分析报告	一般包括融资需求测算、融资渠道与融资方式分析及选择、资本成本、融资程序、融资风险及其应对措施和融资管理建议等
盈利分析报告	一般包括盈利目标及其实现程度、利润的构成及其变动趋势、影响利润的主要因素及其变化情况，以及提高盈利能力的具体措施等。
资金管理报告	包括资金管理目标、主要流动资金项目如现金、应收票据、应收账款、存货的管理状况、资金管理存在的问题以及解决措施等。
业绩评价报告	包括绩效目标、关键绩效指标、实际执行结果、差异分析、考评结果，以及相关建议等

3. 管理会计报告撰写的要求

岗位设置要求，根据需要设置管理会计报告相关岗位。

报告形式要求，包括名称、报告期间、报告对象、报告内容、报告人等。

报告对象要求，对信息有需求各个层级的管理者。

报告期间要求，根据需要和管理会计活动的性质设定报告期间。

报告内容要求，根据管理需要和报告目标而定。

报告程序要求，编制、审批、报送、使用应与企业组织架构相适应。

报告过程要求，管理会计报告应根据管理活动全过程进行设计。

【业务经验】

企业财务会计报告与管理会计报告的区别

财务会计报告是一个单位依法向国家有关部门提供或者向社会公开披露的反映该单位财务状况和经营成果的书面文件。财务会计报告由会计报表、会计报表附注和财务情况说明书组成。有关法律、行政法规规定会计报表、会计报表附注和财务情况说明书须经注册会计师审计的，注册会计师及其所在的会计师事务所出具的审计报告应当随同财务会计报告一并提供。显然，目前的财务会计报告以服务投资者、债权人等外部利益相关者为主要目的，很难完全满足管理决策的需要。企业必须大力发展管理会计报告，才能为经营管理者提供多维度、多层面的信息，确保企业的良性发展。管理会计报告与财务会计报告紧密联系，二者的区别也非常明显（表 3-8-4），正是这些区别可以弥补财务会计报告在支持公司决策管理方面的不足之处，凸显管理会计报告的价值所在。

表 3-8-4　财务会计报告与管理会计报告的区别

报告名称	管理会计报告	财务会计报告
报告主体	企业各部门	企业
形式要件	名称、时间、对象、主体、内容	名称、日期、主体、编号、内容
格式	没有统一格式	有统一格式
内容	根据管理者需要，报告内容包括财务信息和非财务信息	根据企业会计准则规定，报告内容只包括财务信息
时间	无约束，根据企业管理者需要决定报告时间与周期	受企业会计准则约束，报告时间与周期相对固定
流程	与企业组织架构相一致	与法律要求一致

【工作任务实施记录与评价】

1. 选取关键指标

师傅指导记录	选取关键指标质量评价	评价成绩
		年 月 日

2. 确定权重

师傅指导记录	确定权重质量评价	评价成绩
		年 月 日

3. 确定目标值

师傅指导记录	确定目标值质量评价	评价成绩
		年 月 日

4. 学徒关键职业能力及职业品质、工匠精神评价

项目	A	B	C	D
工作态度				
吃苦耐劳				
团队协作				
沟通交流				
学习钻研				
认真负责				
诚实守信				

5. 学徒工作任务记录（完成后附在此处）

附 录

Appendix Appendix Appendix Appendix

附录一

管理会计学徒岗位标准和课程标准

一、岗位标准

岗位标准如附表 1-1 所列。

附表 1-1　岗位标准

学徒岗位名称	会计岗位管理会计		
学徒培养时间		起止时间	
学徒培养目标	专业知识	1. 了解管理会计的特点及与财务会计的关系； 2. 掌握变动成本法和完全成本法的结合应用； 3. 理解本量利分析的基本数学模型，掌握生产单一产品和多种产品的保本保利分析； 4. 熟悉预测的基本程序和方法，掌握销售预测、利润预测、成本预测与资金需要量预测的基本方法； 5. 掌握短期经营预测的各种方法； 6. 掌握全面预算体系，全面预算的编制方法；零基预算和弹性预算的编撰方法； 7. 理解成本控制的含义，掌握标准成本控制方法和成本差异的计算方法； 8. 掌握管理会计报告撰写的方法。	学习产出目标：知道管理会计应用领域以及所涉及的管理会计工具，并知道如何选择工具。
	专业技能	1. 能对数据进行提炼和计算，建立基本模型，进行成本性态分析、保本分析和保利分析； 2. 能运用模型进行成本、销售和利润的预测； 3. 能分析和评价项目投资的可行性并进行决策； 4. 能编制全面预算，确定各项财务目标； 5. 能对财务成本进行控制，开展价值分析； 6. 能正确评价经济业绩，考核责任单位实绩和成果。	训练产出目标：能够熟练掌握每一种管理会计工具的计算方法和适用情况。

续附表 1-1

<table>
<tr><td rowspan="2">学徒培养目标</td><td>岗位综合能力</td><td>1. 能进行成本性态分析、保本分析和保利分析；
2. 能进行成本、销售和利润的预测；
3. 能分析和评价项目投资的可行性并进行决策；
4. 能编制全面预算，确定各项财务目标。</td><td>训练产出目标：会根据所掌握的管理会计工具解决企业学徒期间遇到的实际案例问题。</td></tr>
<tr><td>职业素养</td><td>1. 树立大局意识，在学习和工作中要自觉从大局角度思考问题，以大局为重；
2. 具体问题具体分析，脚踏实地、务真求实、严谨认真的良好职业习惯；
3. 要克服畏难情绪，具备自主学习和适应会计改革发展需要的能力；
4. 脚踏实地、理性消费；
5. 见微知著、以小见大。具备良好的业务素质，能做好企业管理当局对企业管理的参谋；
6. 客观公正，激励措施公平合理；
7. 居安思危、未雨绸缪、防范风险。</td><td>培养产出目标：培养出诚实守信、严于律己、团结合作、有高尚职业道德的人才。</td></tr>
</table>

<table>
<tr><td></td><td>工作任务</td><td>岗位任务清单</td><td>学习产出标准</td></tr>
<tr><td rowspan="3">学徒工作任务清单</td><td rowspan="3">1. 全面预算编制</td><td>1.1 预算编制</td><td>1.1.1 能根据《管理会计应用指引》，结合企业数据信息，正确理解企业的战略规划和获取企业的年度目标。
1.1.2 能根据《管理会计应用指引》，结合企业实际情况，根据固定预算、弹性预算、增量预算、零基预算、定期预算、滚动预算等工具方法的特点，选择合适的预算方法编制预算。
1.1.3 能根据销售资料和市场环境等信息，运用定量预测和定性预测等方法，准确编制销售部门预算。
1.1.4 能根据销售资料和生产资料等信息，运用“以销定产”的原则和存货管理模式，准确编制生产部门预算。
1.1.5 能根据企业生产资料信息，运用直接采购、比价采购、协议采购、招标采购等多种方式，准确编制采购部门预算。
1.1.6 能根据企业目标和财务资料信息，准确编制管理部门预算。
1.1.7 能根据销售资料、生产资料和财务资料等相关数据信息，准确编制财务部门预算。</td></tr>
<tr><td>1.2 预算分析</td><td>1.2.1 能根据企业实际执行数据，对比预算数据，从销售、采购、生产、利润、现金等方面计算预算差异。
1.2.2 能根据企业资料信息，结合预算差异数据，利用因素分析法对预算差异进行分解，寻找差异原因。
1.2.3 能根据市场环境信息，结合预算差异形成的原因，优化预算执行流程，调整销售、采购、生产、财务等部门的预算。</td></tr>
<tr><td>1.3 预算考核</td><td>1.3.1 能根据企业预算编制和执行过程，建立健全预算考核制度，确定考核主体和考核方式，依据考核结果设立合适的奖惩制度。
1.3.2 能根据企业预算考核制度，结合企业实际执行结果，计算各个部门的预算指标，分析差异结果，反馈分析报告。
1.3.3 能根据企业奖惩制度，结合预算结果、预算编制和预算反馈分析报告的及时性和准确性进行奖惩。</td></tr>
</table>

续附表 1-1

学徒工作任务清单	2. 成本管理	2.1 成本预测	2.1.1 能根据企业实际生产状况，分析产品成本性态，把各项成本分为固定成本和变动成本。 2.1.2 能根据企业历史的数据信息，采用加权平均法，把固定成本总额和变动成本按照其确定的权数进行加权，从而预测产品未来成本总额。 2.1.3 能根据企业数据信息，采用目标成本法，利用产品的价格构成来分析计算产品的目标成本。 2.1.4 能根据企业现有的生产技术水平，采用技术测定法，在充分挖掘生产潜力的基础上，对影响人力、物力消耗的各因素进行技术测试，分析计算其产品的单位标准成本。
		2.2 成本分析	2.2.1 能根据企业采购和领料信息，采用标准成本法，计算直接材料差异，对材料数量差异和材料价格差异进行分析。 2.2.2 能根据企业生产数据信息，采用标准成本法，计算直接人工差异，分析直接人工工资率差异和工时耗量差异。 2.2.3 能根据企业生产数据信息，采用标准成本法，计算变动性制造费用差异，分析耗费差异和效率差异。 2.2.4 能根据企业生产数据信息，采用标准成本法，计算固定性制造费用差异，分析固定制造费用耗费差异、产能差异和效率差异。
	3. 营运管理	本量利分析	3.1.1 能根据企业各部门预算数据，采用边际分析方法，对企业的边际贡献和利润进行分析。 3.1.2 能根据企业各部门预算数据，采用盈亏平衡分析方法，对企业盈亏平衡时的销售量或销售额进行分析。 3.1.3 能根据企业各部门预算数据，采用目标利润分析方法，对企业实现目标利润时的业务量、收入和成本进行分析。 3.1.4 能根据企业各部门预算数据，采用敏感性分析方法，对单价、单位变动成本、固定成本等因素对实现企业目标利润的影响及其敏感程度进行分析。
	4. 投资决策评价	投资决策评价	4.1.1 能根据《管理会计应用指引》，结合企业年度目标和预算信息，分析企业资金、销售和生产状况，确定企业投资项目。 4.1.2 能根据企业生产数据，采用投资回收期、净现值、内部报酬率等指标方法，对投资项目进行可行性分析。 4.1.3 能根据企业生产数据和实际投资执行情况，对项目投资结果做出评价。
合作企业与学徒岗位标准	企业员工规模	30 人以上	
	企业管理文化	诚信、专业、创新、卓越	
	学徒岗位技术要求	正直诚信、踏实严谨，有责任心；具有良好的沟通能力、团队精神与服务意识	
	学徒岗位安全要求	人品可靠，无犯罪记录	

续附表 1-1

合作企业与学徒岗位标准	企业师傅资质与能力要求	助理会计师以上职称。能力要求有(1)有成本会计或成本核算工作经验及工作能力;(2)有良好的观察、分析及沟通能力;(3)工作有较强的规划能力、计划能力及实施能力;(4)有使用电脑编制报表的能力;(5)有耐心
	企业提供食宿情况	不须提供住宿
	……	(数据库可扩展)

二、课程标准

课程标准如附表 1-2 所列。

附表 1-2　管理会计学徒课程标准

课程名称	管理会计						共　页
文件编号		制定人	王冲冲	审核人		生效日期	2021 年
适用区域	高职大数据与会计专业学徒制课程						
课程描述(职业岗位工作过程与能力要求)	管理会计课程主要介绍管理会计的基本理论及战略管理、预算管理、营运管理、成本管理、投融资管理、风险管理、绩效管理等七个管理领域所采用的基本工具与方法以及管理会计报告的撰写和应用。通过学习,使学习者建立管理会计的基本理念,能够根据应用环境和管理活动内容的不同选择管理工具与方法对经济活动进行分析、预测、规划、决策、控制、评价,是针对管理会计岗位而开设的一门大数据与会计专业核心课程。						
先修课程与预备知识技能	管理会计承接基础会计、成本会计、财务会计等课程,并为财务管理等后续课程的学习打好基础,在专业课程体系中具有十分重要的地位,具有承上启下的作用。开设时间为第三学期或第四学期,主要面向二年级学生。学生具备相应的基础会计、成本会计、财务会计知识与技能之后,就可以学习本课程。						
相关职业资格	会计初级职称						
教学时间要求	学徒期间						
教学目标	**思政目标:** 1. 树立大局意识,在学习和工作中要自觉从大局角度思考问题,以大局为重; 2. 具体问题具体分析,脚踏实地、务真求实、严谨认真的良好职业习惯; 3. 要克服畏难情绪,具备自主学习和适应会计改革发展需要的能力; 4. 脚踏实地、理性消费; 5. 见微知著、以小见大。具备良好的业务素质,能做好企业管理当局对企业管理的参谋; 6. 客观公正,激励措施公平合理; 7. 居安思危、未雨绸缪、防范风险。						

续附表 1-2

<table>
<tr><td>教学目标</td><td colspan="2">知识目标：
1. 了解管理会计的特点及其与财务会计的关系；
2. 知道战略地图的含义和作用；
3. 了解全面预算体系，掌握全面预算的编制方法；
4. 理解本量利分析的基本数学模型，知道保本点、保利点等指标的含义和计算方法；
5. 知道变动成本法和完全成本法的区别，知道不同成本管理方法的含义和适用范围；
6. 知道投资决策评价指标的含义和应用范围；
7. 知道绩效评价的方法和含义，了解每种方法的优缺点；
8. 知道风险管理的方法及应用条件；
9. 掌握管理会计报告撰写的方法。
职业能力目标：
(一)技能目标
1. 能够根据资料绘制战略地图；
2. 能够对数据进行提炼和计算，建立基本模型，进行成本性态分析、保本分析、保利分析和经营安全分析；
3. 能够选择合适的方法进行成本管理，会进行成本差异分析；
4. 能够分析和评价项目投资的可行性并进行决策；
5. 能够编制全面预算，确定各项财务目标；
6. 能够正确进行绩效评价，考核责任单位实绩和成果；
7. 能够进行风险识别和评价，制定应对措施；
8. 能够撰写管理会计报告。
(二)专项能力目标
1. 能够进行成本性态分析、保本分析和保利分析；
2. 能够选择适合的方法进行成本管理和差异分析；
3. 能够分析和评价项目投资的可行性并进行决策；
4. 能够编制全面预算。</td></tr>
<tr><td colspan="2">单元教学内容要求与教学组织</td><td>教学场所及条件</td></tr>
<tr><td colspan="2">教学单元 1：战略地图绘制
【教学目标】
［思政目标］
1. 树立大局意识，在学习和工作中要自觉从大局角度思考问题，以大局为重；
2. 统筹规划意识。
［知识目标］
1. 熟悉和理解企业战略、战略管理的定义；
2. 掌握企业战略的层次；
3. 熟悉战略管理的原则；
4. 熟悉战略管理的基本程序；
5. 熟悉战略地图及其绘制方法。
［职业能力目标］
(一)技能目标
能读懂战略地图，把握企业战略意图。</td><td>企业</td></tr>
</table>

续附表 1-2

单元教学内容要求与教学组织	教学场所及条件
(二)专项能力目标 无。 【教学内容】 1. 企业战略的定义与层次; 2. 战略管理的基本内容; 3. 战略管理的应用程序; 4. 战略地图的概念; 5. 战略地图的设计; 6. 战略地图的实施; 7. 战略地图的评价。 【教学成果产出】 1. 会绘制战略地图; 2. 能够区分不同层次的战略内涵。	企业
教学单元 2:全面预算编制 【教学目标】 [思政目标] 1. 脚踏实地、理性消费; 2. 做事情有计划性。 [知识目标] 1. 熟悉预算管理的含义、内容、原则、应用环境; 2. 熟悉预算编制、预算执行与考核内容; 3. 熟悉固定预算、弹性预算、增量预算、零基预算、定期预算、滚动预算; 4. 掌握滚动预算的编制、经营预算的编制、专门决策预算的编制、财务预算的编制。 [职业能力目标] (一)技能目标 1. 能够依据预测数据编制按季滚动的滚动预算表; 2. 能够依据预测数据编制业务预算; 3. 能够依据业务预算及其他资料编制现金预算; 4. 能够依据基期报表及相关预算编制预计利润表和预计资产负债表。 (二)专项能力目标 能够编制经营预算、现金预算。 【教学内容】 1. 预算管理的含义、内容; 2. 预算管理原则; 3. 预算编制; 4. 各类预算编制的方法; 5. 经营预算的编制; 6. 专门决策预算的编制; 7. 财务预算的编制; 8. 预算执行与考核。	企业

续附表 1-2

单元教学内容要求与教学组织	教学场所及条件
【教学成果产出】 1. 会编制全面预算； 2. 知道每种预算的含义及其区别； 3. 能够依据基期报表及相关预算编制预计利润表和预计资产负债表。	企业
教学单元 3:成本管理 【教学目标】 [思政目标] 不怕困难，克服畏难情绪。 [知识目标] 1. 掌握成本管理的概念及作用，知道成本管理的内容和原则，并且知道成本的分类； 2. 知道目标成本法的概念，理解目标成本法的应用环境和程序； 3. 掌握标准成本法的概念、标准成本分类和制定； 4. 知道什么是作业成本法和变动成本法。 [职业能力目标] (一)技能目标 会制定直接材料、直接人工的标准成本、制造费用的标准成本。 (二)专项能力目标 灵活运用变动成本法、作业成本法、目标成本法和标准成本法。 【教学内容】 1. 成本管理的概念及作用； 2. 成本管理的内容和原则； 3. 成本的分类； 4. 目标成本法的概念； 5. 目标成本法的应用环境和程序； 6. 标准成本法的概念； 7. 标准成本分类和制定； 8. 作业成本法； 9. 变动成本法。 【教学成果产出】 1. 掌握常规成本计算方法； 2. 对于作业成本、目标成本和标准成本灵活运用。	企业
教学单元 4:本量利管理应用 【教学目标】 [思政目标] 1. 善于观察与分析； 2. 见微知著，以小见大，提高敏锐性。 [知识目标] 1. 熟悉营运管理的内涵及营运管理工具； 2. 掌握本量利分析的基本公式； 3. 掌握边际贡献、边际贡献率的公式；	企业

续附表 1-2

单元教学内容要求与教学组织	教学场所及条件
4. 掌握保本分析和保利分析及应用； 5. 掌握企业经营安全程度的评价指标。 [职业能力目标] (一)技能目标 1. 通过学习营运管理的基本知识，能够根据营运管理的特点，制订营运计划，并加以监督与考核； 2. 通过学习本量利分析的管理工具，计算出企业保本点和保利点等相关指标； 3. 通过学习敏感分析基本原理，确定对利润最敏感的因素； 4. 通过学习边际分析基本原理，能够分析出企业经营的安全程度和经营风险大小。 (二)专项能力目标 1. 本量利分析； 2. 边际分析。 **【教学内容】** 1. 本量利分析的认知； 2. 保本分析(盈亏平衡点分析)； 3. 保利分析； 4. 敏感性分析的认知； 5. 利润敏感性分析。 **【教学成果产出】** 1. 运用本量利工具分析企业经营决策； 2. 进行本量利分析； 3. 保本分析、保利分析； 4. 利润敏感性分析。	企业
教学单元 5：投资决策评价 **【教学目标】** [思政目标] 1. 理性消费，不攀比； 2. 有风险意识。 [知识目标] 1. 知道贴现现金流法的概念； 2. 知道项目管理概念及内容； 3. 熟悉项目管理的工具方法。 [职业能力目标] (一)技能目标 1. 会计算净现值、现值指数、内含报酬率，并会根据结果做出判断； 2. 会运用项目管理的工具方法，做出选择。 (二)专项能力目标 能够通过计算评价指标进行项目选择。	企业

续附表 1-2

单元教学内容要求与教学组织	教学场所及条件
【教学内容】 1. 贴现现金流法的概念及程序； 2. 贴现现金流法的应用； 3. 项目管理概念及内容； 4. 项目管理的工具方法。 【教学成果产出】 1. 可以掌握具体投资的评价指标，针对特定问题灵活运用； 2. 能正确计算净现值、现值指数、内部报酬率等指标。	企业
教学单元 6：绩效评价 【教学目标】 [思政目标] 1. 做事情客观公正，公平合理； 2. 不徇私舞弊。 [知识目标] 1. 熟悉绩效管理的由来，对“绩效管理”的含义有一个全面的认识； 2. 掌握企业进行绩效管理应遵循和应用环境； 3. 熟悉关键绩效指标法的概念； 4. 掌握企业绩效管理应用关键绩效指标法进行绩效评估的应用前提； 5. 熟悉平衡计分卡的概念； 6. 掌握企业进行绩效管理应用平衡计分卡进行绩效评估的应用前提； 7. 熟悉经济增加值的概念。 [职业能力目标] (一)技能目标 1. 通过对关键绩效指标法的学习，会提供必要的绩效评定方法； 2. 通过学习经济增加值的计算方法，会计算调整项目及方式； 3. 掌握企业进行绩效管理应用经济增加值法进行绩效评估的应用； 4. 通过学习平衡计分卡的指标体系及指标选择，找到企业绩效的目标值。 (二)专项能力目标 无。 【教学内容】 1. 绩效管理的概念、应遵循的原则； 2. 绩效计划与激励计划的制订与执行； 3. 关键绩效指标法的概念、应用前提和程序； 4. 经济增加值法的概念； 5. 经济增加值法的计算； 6. 平衡计分卡的概念； 7. 平衡计分卡的应用； 8. 关键绩效指标法的运用。 【教学成果产出】 1. 能计算财务绩效指标、分析企业绩效指标体系； 2. 会运用经济增加值法和平行积分卡。	企业

续附表 1-2

单元教学内容要求与教学组织	教学场所及条件
教学单元 7:风险管理 【教学目标】 [思政目标] 能正确地识别风险、分析风险、应对风险。 [知识目标] 1. 熟悉风险管理的含义、原则、工具方法、应用环境等基本知识; 2. 知道风险清单、风险矩阵概念。 [职业能力目标]: (一)技能目标 1. 能够熟练地掌握风险矩阵工具方法; 2. 能够熟练运用风险清单工具方法。 (二)专项能力目标 无。 【教学内容】 1. 风险管理的含义、工具方法,风险管理的原则、应用环境以及应用程序; 2. 风险矩阵的含义、基本原理、应用环境; 3. 风险清单的含义、应用环境及应用程序。 【教学成果产出】 1. 能够正确进行风险矩阵坐标图的绘制,会运用风险矩阵进行风险评估和应对; 2. 能够正确进行风险清单的编制,会进行风险评估和调整。	企业
教学单元 8:管理会计报告撰写及应用 【教学目标】 [思政目标] 1. 实事求是,客观分析企业状况; 2. 辩证分析问题,有主次之分,看问题抓重点。 [知识目标] 1. 知道管理会计报告概念及特征; 2. 熟悉管理会计报告编制要求及流程; 3. 了解管理会计报告的应用。 [职业能力目标] (一)技能目标 1. 会编制管理会计报告; 2. 会应用管理会计报告。 (二)专项能力目标 无。 【教学内容】 1. 管理会计报告概念及特征; 2. 管理会计报告编制要求及流程; 3. 管理会计报告分类; 4. 管理会计报告体系; 5. 管理会计报告的应用; 6. 管理会计信息系统的概念、建设和应用程序。 【教学成果产出】 知道管理会计报告的分类,并会运用管理会计报告。	企业

续附表 1-2

<table>
<tr><td colspan="2">单元教学内容要求与教学组织</td><td>教学场所及条件</td></tr>
<tr><td>考核评价
目标要求</td><td>1. 思政目标要求
(1)树立大局意识,在学习和工作中要自觉从大局角度思考问题,以大局为重;
(2)具体问题具体分析,脚踏实地、务真求实、严谨认真的良好职业习惯;
(3)要克服畏难情绪,具备自主学习和适应会计改革发展需要的能力;
(4)脚踏实地、理性消费;
(5)见微知著、以小见大。具备良好的业务素质,能做好企业管理当局对企业管理的参谋;
(6)客观公正,激励措施公平合理;
(7)居安思危、未雨绸缪、防范风险。
2. 知识水平要求
(1)理解本量利分析的基本数学模型,掌握生产单一产品和多种产品的保本保利分析;
(2)熟悉成本管理的工具方法,掌握变动成本法、作业成本法、目标成本法和标准成本法;
(3)掌握投资决策评价的各种方法;
(4)掌握全面预算体系,全面预算的编制方法;
(5)通过本学习领域课程的学习,能做到举一反三,融会贯通。
3. 技能与专项能力要求
(1)能对数据进行提炼和计算,建立基本模型,进行成本性态分析、保本分析和保利分析;
(2)能运用模型进行成本、销售和利润的预算;
(3)能分析和评价项目投资的可行性并进行决策;
(4)能选择合适的方法进行成本核算,并进行成本差异分析。</td><td></td></tr>
</table>

三、职业素质能力(思政)水平评价标准

职业素质能力(思政)水平评价标准如附表 1-3 所列。

附表 1-3　职业素质能力(思政)水平评价标准

项目	积极表现	消极表现	评价标准
职业品质	吃苦耐劳、任劳任怨、责任担当	偷懒、推诿、不担当	能否以高标准完成任务
职业道德	遵守行规、诚实守信、职业形象	不遵守纪律、撒谎、随便	是否有迟到、夸大效果、虚假宣传、着装与行为不符合商务礼仪的情况

续附表 1-3

项目	积极表现	消极表现	评价标准
团队协作	小组学习、发言及个人意见表达	落单、不关心团队	能否融入团队,团队能否完成任务
学习能力	主动学习、学习有计划性、自主学习、能综合分析形成自己的意见	等靠要、不思考	是否积极发言与主动完成任务
社会能力	善于沟通、交流,能获得预期资讯信息	被动、不找资讯	能否主动表达,并代表团队汇报
创新能力	有创新思维意识,经常有新点子和建议	不思考	是否有抄袭或不完成任务的情况
信息化能力	使用信息技术获得学习资讯	不会使用互联网手段	会用浏览器,知道专业学习网站或公众号等
心理健康	性格阳光、能有效疏解各种压力	阴郁、脆弱	是否长期情绪不良
管理能力	适应组织管理环境,能准确角色定位	不能找到团队角色	能否适应团队分工
社会责任	注意环保、同情弱势群体、关注时政	浪费资源、霸凌同学、冷漠	是否有浪费纸张等、攻击同学、从不了解时政的情况

附录二 企业师傅聘用标准和考核标准

会计专业现代学徒制 企业师资（师傅）聘任标准

为深化落实推动教育部《关于委托开展职业教育现代学徒制理论研究与实践探索工作的通知》（教职成司函〔2013〕250 号），以会计企业用人需求与岗位资格标准为服务目标，丰富中国特色职业教育体系内涵。并使会计专业的现代学徒制改革顺利开展并取得实效，确保企业师资水平能够满足本专业现代学徒制教学的需要，特制定本标准。

一、聘任对象

会计专业现代学徒制企业师傅的聘请对象主要是各类企业对于财务工作有丰富的经验，具备一线指导财务工作能力的在职人员。

二、聘任条件

（一）热爱会计事业，对培养会计人才有充分热情，具有良好的政治思想素质和职业道德。

（二）具备丰富的处理问题能力，善于沟通和表达，掌握并灵活运用行业知识进行技能的传授和讲解能力。

（三）工作经历（工种）成绩突出，善于“传、帮、带”近三年在企业生产工作中，没有违纪、违章、违规行为。

（四）取得会计类专业的中级会计师以上（含）等级证书，在行业内具有一定声誉的财务人员。

（五）接受过专门的职业教育或系统的会计类专业技能培训。

（六）有制订、实施培训方案的能力，具备良好的语言表达能力和沟通交流能力。

（七）身体健康，心理健康，能坚持正常工作，男性 60 岁以下、女性 50 岁以下。

三、评聘程序

由企业根据评选条件结合实际情况采取（笔试、技能操作）方式进行评选。

获得推选的师傅需填写会计类行业师傅申报认定表，所在单位盖章后，由单位和合作院校共同审核。

经评审通过的师傅，发放聘书，聘期为三年。聘书加盖学院和师傅所在单位公章。

四、奖励办法

对于师傅带徒弟期间表现优秀的人员给予精神奖励，由单位和学院统一发文表彰，发给获奖证书。

将优秀师傅的评选获奖情况记入个人档案，作为晋职晋级的考核依据之一。

附件：1. 会计类行业师傅申报认定表（附表 2-1）

附表 2-1　会计类行业师傅申报认定表

编号：

<table>
<tr><td>姓名</td><td></td><td>性别</td><td></td><td>年龄</td><td colspan="2"></td><td rowspan="3">照片</td></tr>
<tr><td colspan="2">工作单位</td><td colspan="2"></td><td>职务</td><td></td><td></td></tr>
<tr><td colspan="2">通信地址</td><td colspan="3"></td><td>邮政编码</td><td></td></tr>
<tr><td colspan="2">邮箱</td><td colspan="2"></td><td colspan="2">最高学历、学位</td><td colspan="2"></td></tr>
<tr><td colspan="2">专业技术职称</td><td colspan="2"></td><td colspan="2">毕业学校及时间</td><td colspan="2"></td></tr>
<tr><td colspan="2">技术、专业特长</td><td colspan="2"></td><td colspan="2">现从事技术岗位</td><td colspan="2"></td></tr>
<tr><td colspan="2">拟担师傅岗位</td><td>岗位一</td><td></td><td>岗位二</td><td></td><td>岗位三</td><td></td></tr>
<tr><td colspan="2">岗位工作经历</td><td colspan="6"></td></tr>
<tr><td colspan="2">传授技能及
工作业绩</td><td colspan="6"></td></tr>
<tr><td colspan="2">学习情况</td><td colspan="6"></td></tr>
<tr><td colspan="2">所在单位
推荐意见</td><td colspan="6">盖　章
年　月　日</td></tr>
<tr><td colspan="2">合作院系意见</td><td colspan="6">主任签字（单位代章）：
年　月　日</td></tr>
</table>

2. 企业师傅考核表（附表2-2）

附表2-2　企业师傅考核表

姓名			专业	
岗位			指导学生人数	
序号	考核指标		分值	得分
1	认真做好对学徒的日常考勤和管理			
2	加强职业道德、劳动纪律和企业文化等教育，培养学生文明、守纪的良好习惯			
3	负责指导学徒熟悉实习工作环境和防护设施，提高学生的自我保护能力，采取有效措施防止学生在企业中受到伤害和发生安全事故			
4	认真做好对学徒技能训练的指导和各技术环节的示范，使学生尽快掌握实际操作技能，严格要求学生，并经常进行提问、讲解与指导			
5	认真听取学校和指导教师的意见，采取措施及时解决实习指导中存在的问题，不断提高培养质量			
6	督促学生及时填写学徒手册，对学生的实习小结填写评语并签名			
7	实行学生学徒信息通报制度，定期向学校、学生家长通报交流学生情况			
8	配合学校和第三方评价机构，对学徒学生进行岗位评价考核			
9	学生在企业期间定期与学生及学校指导老师沟通交流			
10	认真完成企业领导交办的其他各项工作任务			
合计				

附录三
企业学徒选拔标准和学徒实习考核制度

一、企业学徒选拔标准

（一）学徒选拔的基本原则

坚持“公平、公正、公开”的原则，做到选拔条件与考核内容公开、选拔过程公开、选拔结果公开，选拔优秀学徒入企业实践。

（二）选拔对象、条件及人数

1. 选拔对象

新疆农业职业技术学院会计大二第二学期全体学生。

2. 选拔条件

（1）思想端正，有良好的道德品质和文明的行为习惯；

（2）身体健康，对投资核算工作热爱，具有团队合作意识；

（3）专业课程成绩优秀，文化课程学习成绩较好；

（4）有责任感和奉献精神，品行端正；

（5）自愿参加企业现代学徒制培训。

3. 选拔人数

根据合作企业的选拔学徒的人数确定。

（三）选拔程序

个人提出书面申请—经济贸易学院根据学生情况进行推荐—用人单位综合考核并确定人选—由企业、学院、学生（未成年人由家长代理）等三方共同签订学徒协议。

（四）学徒选拔考核技术标准

1. 考核命题标准

学徒选拔考核以会计从业资格国家职业标准的工作要求为基础，适当增加新知识、新技能等相关内容，以实际操作的形式进行考核。试题由学徒选拔本企业组织有关专家统一编制。

2. 考核场地环境设计

采取有效措施确保考核环境安静，设置考评专家进入现场巡视的专门通道，以不影响参与考核学生答题为标准。

3. 场地配置要求

会计与审计专业考核需配置会计与审计实训室，内设工作台（面积在 1.2～1.5 m^2）、照明设备、装有财务软件的电脑等材料。

4. 成绩评定

由合作企业组成的专家组对学生进行评分。审核参选学生现场操作，根据评分标准进行评定，并加入专家面试环节，以此来认定学徒的真实业务水平和今后的发展潜力。

二、学徒实习考核制度

为了保障实习学生的权益，确保学生在轮岗实习期间切实掌握工作岗位所需要的专业技能，特制定本制度。

（一）考核人员

选派责任心强、教学工作能力强的企业技术人员和学校专业教师，共同对学徒进行评价考核，保障学徒的实习质量。

（二）考核内容

考核内容主要分为三部分：第一部分为学徒在每个岗位实习期间的实习态度、实习表现等；第二部分为学徒在每个岗位实习理论知识掌握程度；第三部分为学徒在每个岗位实习专业技能掌握程度。

（三）考核程序

在完成每个岗位的实习任务后，填写学徒考核评价表（附表 3-1）。第一步，学徒自我鉴定；第二步，学校指导教师按照本专业实习大纲对学徒进行理论考试；第三步，企业师傅按照本专业实习大纲对学徒进行技能考核；第四步，学校指导教师和企业师傅联合对学徒进行综合考核，并评定学徒在该岗位的实习成绩。

（四）考核成绩评定

学徒工作态度、实习表现等占 30%，理论考试成绩占 30%，专业技能考核占 40%。

学徒在每个岗位的理论考试成绩必须在 70 分及以上，专业技能考核成绩必须在 70 分及以上（技能等级在初级及以上），综合得分在 70 分及以上，方为考核合格。有下列情况之一者，轮岗实习成绩为不及格：

（1）未经批准，擅自改变实习岗位的；

（2）未经批准，在校外实习期间擅自离岗的；

（3）实习在岗时间未达到规定学时的三分之二的；

（4）实习单位鉴定为实习成绩不及格的。

（五）考核结果处理

（1）考核不及格者，延长轮岗实习时间，重新考核达到及格后，方可转入下一岗位实习。

（2）考核分优秀、良好、中等、及格、不及格五个等级。90 分及以上为优秀，80～89 分为良好，70～79 分为中等，60～69 分为及格，60 分以下为不及格。

附件：学徒考核评价表（附表 3-1）

附表 3-1　学徒考核评价表

学校：__________ 班级：__________ 专业：__________ 学徒姓名：__________ 日期：__________

学徒单位			学徒岗位		
企业带教师傅			学校指导教师		
学徒时间	______年____月____日至______年____月____日				
自我鉴定	（1）职业素养	□优	□良	□一般	□较差
	（2）工作态度	□优	□良	□一般	□较差
	（3）出勤率	□优	□良	□一般	□较差
	（4）专业技能	□优	□良	□一般	□较差
	（5）实习手册填写	□优	□良	□一般	□较差
学徒表现	得分				
	企业带教师傅签名：			日期：	
理论考试	（1）考试内容				
	（2）考试成绩				
	学校指导教师签名：			日期：	
专业技能考核	（1）考核内容				
	（2）考核成绩				
	（3）技能等级				
	企业带教师傅签名：			日期：	
综合得分	（1）得分				
	（2）实习成绩等级	□优　□良	□中等	□及格	□不及格
	学校指导教师签名：			日期：	

附录四
学徒实习管理制度

一、日常工作管理

1. 学徒必须严格遵守实习单位的有关规章制度，进出单位必须出示有关证件，上班不迟到、不早退，按时进入指定的工作岗位，下班须办好交接手续，经师傅允许后，方可离开。

2. 学徒不准擅自离开实习岗位，有事离岗需经组长或师傅批准，返回岗位向组长或师傅报告，经同意后方可上岗。

3. 学徒必须听从带教师傅指导，严格遵守安全操作规程，爱护设备，不乱动设备，不得无故损坏设备。如发现故障或异常现象，立即报告值班领导和师傅，未经允许，不得任意拆卸或启动设备，确保人身、设备的安全。

4. 爱护工具，节约原材料，认真做好所在岗位的设备保养，做好实习场地和工位的清洁卫生工作。

5. 在工作场所内，不准嬉闹、奔跑和大声叫喊，上班不准串岗、打瞌睡、干私活、看小说等，不准参加非企业组织的其他活动。

6. 尊重实习单位领导、带教师傅和其他工作人员，听从安排、服从分配，安心本职工作，做到谦虚谨慎、勤学好问、刻苦钻研，学以致用，精益求精，提高操作技能，争取尽快达到学徒轮岗的合格要求。

7. 严格遵守实习单位的保密制度，不得将技术或商业情报向外泄露，维护实习单位利益。

二、考勤制度

1. 学徒在轮岗实习期间实行双重考勤，即所在实习单位带教师傅日常考勤，学校指导教师不定时抽查考勤。

2. 学徒必须按时参加在实习单位规定的上班、培训或其他活动，因故不能参加者，必须履行请假手续，否则按旷工处理。

3. 学徒原则上不允许请事假，如遇特殊情况，必须按照有关规定办理相关请假手续。

4. 学徒请病、事假，应经实习单位领导同意，请假三天以上者必须经学校审核。否则，按旷工和学校规章制度处理。

三、其他规定

1. 学徒必须遵纪守法，遵守社会公德，互帮互助，自尊自爱，自觉接受实习单位、学校的双重教育和管理。

2. 学生进入学徒期须本人申请、家长同意，学校根据学生专业，选择并安排相关单位实习，签订有关协议。

3. 学徒必须遵守学校对实习生的管理规定和安排，及时缴纳学费，按时参加学校组织的活动，认真记录实习日志，经常向学校指导老师、家长汇报实习情况。

4. 学徒未经允许不能擅自离开实习单位，确有特殊原因，必须事先办理离岗手续并征得实习单位的同意和学校的批准。

5. 学徒对实习单位的安排和处理确有意见时，应及时与学校指导老师联系并报告，由学校依据事实与实习单位协商。学徒不得直接与实习单位发生冲突。

6. 学徒必须参加轮岗实习考核和技能鉴定，做好实习总结，经实习单位签署意见后交给学校。

7. 轮岗实习结束，学校组织优秀学徒评比工作，对优秀学徒进行表彰奖励。对考核不合格的学徒，须延长轮岗实习时间，直至考核合格，方可转为准员工，进行准员工实习。

8. 学徒必须注意自身的学生形象，穿着朴素大方，举止文明，不得自行在外联系住宿，严禁吸毒、吸烟、喝酒、赌博、打架斗殴，不看不健康的书刊、音像，不进入不良场所。